Libro de Archana en Español

I0150820

Mata Amritanandamayi Center
San Ramon, California, Estados Unidos

Libro de Archana

Publicado por:
Mata Amritanandamayi Center, P.O. Box 613, San Ramon
CA 94583-0613, Estados Unidos

Archana Book - Spanish

En España: www.amma-spain.org

En India: www.amritapuri.org
inform@amritapuri.org

त्यागेनैके अमृतत्वमानशुः

Tyāgenaike amṛtatvamānaśuḥ

Sólo por la renuncia se logra la inmortalidad

Kaivalya Upanishad

Índice

Mānasa Puja

Instrucciones de Amma para la adoración mental de la Deidad Amada durante la meditación

Siéntate en una postura cómoda, con la columna recta, y trata de experimentar una profunda paz que impregne todo tu ser. Respira lenta, profunda y conscientemente durante dos o tres minutos. Recita Om tres veces con los ojos cerrados. Mientras lo recitas, imagina que llevas el sonido Om desde el ombligo hasta la coronilla. Imagina también que las malas tendencias y los malos pensamientos fluyen hacia afuera. Mientras rezas "Amma, Amma" con devoción, amor y profundo anhelo, imagínate a la Madre Divina de pie delante de ti, sonriendo y mirándote compasivamente. Disfruta durante unos momentos de su exquisita belleza, visualizando todas las partes de su forma divina. Póstrate ante los Pies de Loto de la Madre, sintiendo el contacto de tu frente sobre sus Sagrados Pies. Rézale de esta manera: "¡Oh, Madre, me refugio en Ti! Tú eres la única Verdad y protección eternas. Sólo tú puedes darme auténtica paz y alegría. ¡No me abandones nunca! ¡No me dejes nunca!"

Después visualiza la resplandeciente forma de la Devi en las palmas de tus manos. De los ojos de la Devi salen rayos de compasión que te envuelven. Frótate el rostro con las palmas de las manos y desciende desde allí al resto del cuerpo. Siente que una energía divina entra dentro de ti, y que todas las desgracias y todo lo desfavorable se alejan de ti.

Durante toda la puja repite continuamente con los labios, pero sin emitir ningún sonido, "Amma, Amma, Amma, no me dejes, no me abandones".

Imagina ahora que estás bañando a la Madre. Mientras derramas agua sobre su cabeza, observa cómo fluye por todas las partes de su forma hasta llegar a sus Pies de Loto. Después haz abluciones con leche, ghee, miel, pasta de sándalo, agua de rosas, etc. Mientras viertes cada una de estas sustancias sobre ella, disfruta de la belleza de su forma. Imagina que con cada una de estas ofrendas le estás ofreciendo a la Madre tu propia mente purificada.

A continuación imagina que dejas caer vibhuti (ceniza sagrada) sobre Ella. Observa cómo va llegando lentamente a los Pies de la Madre. Luego échale flores sobre la cabeza. Coge una toalla bonita y límpiale la cara y el cuerpo. Engalánala con un hermoso sari, como si estuvieras vistiendo a tu propia hija. Rézale: "¡Oh, Madre, ven a sentarte en mi corazón. Sólo si te sientas en mi corazón podré avanzar por el camino correcto".

Ponle perfume a la Devi. Adórnala con pendientes, un collar, un cinturón, tobilleras, etc. Ponle kumkum (azafrán) en la frente. Colócale en la cabeza una corona con piedras preciosas incrustadas. Ponle una guirnalda a la Madre. Disfruta de su incomparable belleza contemplándola de la cabeza a los pies y de los pies a la cabeza. Como un niño, habla con la Madre de todo lo que desees. Rézale así: "Oh, Madre, Tú eres puro amor. Yo soy demasiado impuro para merecer tu gracia. Sé que mi egoísmo debe repugnarte; pero ten paciencia conmigo. Madre, por favor, quédate conmigo. Tú eres el río más sagrado. Yo soy una charca de agua estancada y sucia. Tú fluyes hacia mí y me purificas, ignorando mis defectos y perdonando mis errores".

Con pasta de sándalo, escribe "Om" en los pies de la Madre. Ofrécele flores tres veces. Ahora, tras recitar el "Dhyana sloka" en actitud meditativa, empieza a recitar los Mil Nombres, empezando con "Om sri matre namah". (Si lo recitáis en grupo, responded a cada mantra con "Om Parashaktyai namah") Mientras recitas cada nombre, imagina que recoges una flor de tu corazón y la ofreces mentalmente a los Pies de Loto de la Madre. (La flor representa tu corazón puro) Cuando hayas terminado los Mil Nombres, siéntate erguido y en silencio unos minutos e imagina que las vibraciones divinas se extienden por todo tu ser.

Ahora, ofrécele a la Madre una papilla dulce de avena como naivedya (ofrenda de comida sagrada) con tus propias manos e imagina que Ella la saborea. El verdadero naivedya es tu amor puro a la Madre. Si sabes cantar, ofrécele una canción. Imagina que, al oírla, la Madre se pone a bailar. Baila con Ella. De repente, en medio del baile, te deja y sale corriendo. Corre tras ella hasta que la alcances. Suplícale: "Oh, Madre, ¿por qué me abandonas? ¿Por qué permites que perezca en este bosque de samsara? Me estoy quemando en el fuego de la mundanidad. Ven, levántame y sálvame". Entonces la Madre deja de correr y te llama con los brazos abiertos. Corre hacia Ella y abrázala. Siéntate en su regazo. Tómate todas las libertades con Ella, igual que lo haría un niño con su propia madre, acariciando su cuerpo y sus Pies de Loto, trenzándole el cabello, etc. Pídele a la Madre que no vuelva a reírse de ti. Cuéntale todas tus penas y tus angustias. Dile que nunca más le vas a dejar que te abandone. Rézale: "Oh, Madre, me ofrezco a tus Pies de Loto. Conviérteme en un instrumento ideal tuyo. No deseo nada de este mundo. Mi único deseo es contemplar tu forma divina y estar en tu compañía. Dame ojos que sólo vean tu belleza. Dame una mente que sólo se deleite contigo. Que tu voluntad sea mi voluntad, tus pensamientos mis pensamientos, tus palabras mis palabras. Que todo lo que haga, incluso comer y dormir, tenga un único objetivo: el de fundirme contigo. Haz que sea tan desinteresado y amoroso como Tú". Habla y reza así constantemente, concentrando la mente en la forma de la Madre Divina.

Ahora haz círculos con alcanfor encendido delante de la Madre, que está de pie delante de ti sonriendo, con los ojos llenos de compasión. Imagina que Le ofreces todas tus buenas y malas cualidades, así como todo tu ser.

Levántate y camina alrededor de la Madre (pradakshina) tres veces y póstrate a sus Pies de Loto con esta oración en el corazón: “Oh, Madre del Universo, Tú eres mi único refugio. Me entrego a Ti”.

Recita las invocaciones por la paz: asatoma sadgamaya, lokah samastah y purnamadah purnamidam. Mira a la Madre sintiendo paz y plenitud en el corazón, y despúes inclínate ante Ella y ante el lugar donde has estado sentado. Si es posible, medita en su forma unos instantes.

¡Om, paz, paz, paz!

Mātā Amṛtānandamayī
Aṣṭottara Śata Nāmāvali

Los ciento ocho nombres de Mata Amritanandamayi

Dhyānam

Dhyāyāmo dhavalāvaguṇṭhanavatīm tejomayīm-naiṣṭhikīm
snigdhāpāṅga vilokinīm bhagavatīm mandasmita śrī mukhīm
vātsalyāmṛta varṣiṇīm sumadhuram saṅkīrtanālāpinīm
śyāmāṅgīm madhu sikta-sūktim amṛtānandātmikām īśvarīm

Meditación

Meditamos en (Mata Amritanandamayi,) la que está vestida de blanco, la resplandeciente, la perfecta, que mira amorosamente por el rabillo del ojo, la bienaventurada, en cuyo bello rostro hay una dulce sonrisa, la que derrama el néctar de la ternura, canta muy bellamente cantos devocionales, tiene el cuerpo moreno, cuyas sabias palabras están impregnadas de dulzura, la Diosa que tiene la naturaleza de la Felicidad Inmortal.

1. Om pūrṇa brahma svarūpiṇyai namaḥ
Om. Adoramos a la que tiene la naturaleza del Brahman perfecto.

(Respuesta: Om amriteśvaryai namah
Om. Adoramos a la Señora de la Inmortalidad)

2. Om saccidānanda mūrtaye namaḥ
...la que es la personificación de la Realidad Conciencia Felicidad.

3. Om ātmā rāmā gragaṇyāyai namaḥ
... la mayor entre los que se regocijan en el Atman.

4. Om yoga līnānta rātmane namaḥ
...aquella cuyo Ser interior reposa en el estado de unión.

5. Om antar mukha svabhāvāyai namaḥ
...la que por naturaleza está vuelta hacia el interior.

6. Om turya tuṅga sthalījuṣe namaḥ
...la que mora en las alturas del cuarto estado de conciencia.

7. Om prabhā maṇḍala vītāyai namaḥ

...la que está rodeada por un círculo de luz.

8. Om durāsada mahaujase namaḥ

...la que es incomparablemente poderosa.

9. Om tyakta dig vastu kālādi sarvāvaccheda rāśaye namaḥ

...la que ha abandonado todas las distinciones de espacio, objeto, tiempo, etc.

10. Om sajātīya vijātīja svīya bheda nirākṛte namaḥ

...la que suprime las diferencias entre seres de la misma especie, de especies distintas e internas a un mismo ser.

11. Om vāṇī buddhi vimṛgyāyai namaḥ

...la que el habla y la mente no pueden atrapar.

12. Om śaśvad avyakta vartmane namaḥ

...la que siempre actúa imprevisiblemente.

13. Om nāma rūpādi śūnyāyai namaḥ

...la que carece de nombre, forma, etc.

14. Om śūnya kalpa vibhūtaye namaḥ

...aquella para quien los poderes yóguicos carecen de importancia.

15. Om ṣaḍaiśvarya samudrāyai namaḥ

...la que está marcada por las seis cualidades divinas (enumeradas en el nombre 63).

16. Om dūrī kṛta ṣaḍ ūrmaye namaḥ

...la que ha superado las seis aflicciones (nacimiento, existencia, crecimiento, cambio, decadencia y destrucción).

17. Om nitya prabuddha saṃśuddha nirmuktātma prabhāmuce namaḥ

...la que irradia la luz del Atman, que es eterno, consciente, puro y libre.

18. Om kāruṇyākula cittāyai namaḥ

...la que tiene el corazón lleno de compasión.

19. Om tyakta yoga suṣuptaye namaḥ

...la que ha renunciado al sueño profundo de la unión (yoga).

20. Om kerala kṣmāvatīrṇāyai namaḥ

...la que se ha encarnado en la tierra de Kérala.

21. Om mānuṣa strī vapurbhṛte namaḥ

...la que posee una bella forma de mujer.

22. Om dharmiṣṭha suguṇānanda damayantī svayam bhuve namaḥ

...la que ha nacido voluntariamente de los virtuosos Sugunananda y Damayanti.

23. Om mātā pitṛ cirācīrṇa puṇya pūra phalātmane namaḥ

...la que es el fruto de las abundantes acciones meritorias realizadas por sus padres durante largo tiempo.

24. Om niḥśabda jananī garbha nirgamātbhuta karmaṇe namaḥ

...la que realizó la extraordinaria acción de mantenerse en silencio cuando salió del seno materno.

25. Om kālī śrī kṛṣṇa saṅkāśa komala śyāmala tviṣe namaḥ

...la que tiene un delicado color oscuro, como Kali y el Señor Krishna.

26. Om cira naṣṭa punar labdha bhārgava kṣetra sampade namaḥ

...la que es la gloria del país de los Bhargavas (Kérala), perdida durante largo tiempo y ahora recuperada.

27. Om mṛta prāya bhṛgu kṣetra punar uddhita tejase namaḥ

...la que es la luz del país de Bhrigu (Kerala), que estaba casi muerto y de nuevo se ha levantado.

28. Om sauśīlyādi guṇākṛṣṭa jaṅgama sthāvarālaye namaḥ

...la que por sus cualidades, como la excelencia moral, atrae a todos los seres, móviles e inmóviles.

29. Om manuṣya mṛga pakṣyādi sarva saṃsevi tāṅghraye namaḥ

...aquella cuyos pies veneran todos: los seres humanos, los animales salvajes, las aves, etc.

30. Om naisargika dayā tīrtha snāna klinnāntar ātmane namaḥ

...la que tiene el corazón blando porque lo baña espontáneamente en el río sagrado de la compasión.

31. Om daridra janatā hasta samarpita nijāndhase namaḥ

...la que llenaba con su propia comida las manos de los pobres.

32. Om anya vaktra pra bhuktānna pūrita svīya kukṣaye namaḥ

...aquella cuyo estómago se sacia cuando los demás comen.

33. Om samprāpta sarva bhūtātma svātma sattānubhūtaye namaḥ

...la que ha alcanzado plenamente la experiencia de que su Ser es el de todos.

34. Om aśikṣita svayam svānta sphurat kṛṣṇa vibhūtaye namaḥ

...aquella en cuyo corazón brilla espontáneamente, sin que se la hayan enseñado, la gloria de Krishna.

35. Om acchinna madhurodāra kṛṣṇa līlānusandhaye namaḥ

...la que pensaba continuamente en los dulces y sublimes juegos de Krishna.

36. Om nandātmaja mukhāloka nityotkaṇṭhita cetase namaḥ

...la que constantemente anhelaba ver el rostro del hijo de Nanda (Krishna).

37. Om govinda viprayogādhi dāva dagdhāntar ātmane namaḥ

...aquella cuyo corazón ardía en el fuego de la angustia de la separación de Govinda (Krishna).

38. Om viyoga śoka sammūrchā muhur patita varṣmaṇe namaḥ

...aquella cuyo cuerpo caía constantemente desmayado por el dolor de la ausencia (de Krishna).

39. Om sārameyādi vihita śuśrūṣā labdha buddhaye namaḥ

...la que recuperaba la conciencia por los cuidados proporcionados por los perros y otros (animales).

40. Om prema bhakti balākṛṣṭa prādur bhāvita śārṅgiṇe namaḥ

...aquella cuyo amor devocional era tan fuerte que hizo que Krishna se manifestase.

41. Om kṛṣṇa loka mahāhlāda dhvasta śokāntar ātmane namaḥ

...aquella cuya mente fue librada de su tristeza por la gran alegría de ver a Krishna.

42. Om kāñcī candraka manjīra vaṃśī śobhi svabhū dṛśe namaḥ

...la que vio a Krishna adornado con el ceñidor, la pluma de pavo real, las ajorcas y la flauta.

43. Om sārvatrika hṛṣīkeśa sānnidhya laharī spṛśe namaḥ

...la que experimentó la gran ola de la presencia del Señor de los Sentidos (Krishna) en todas partes.

44. Om susmera tan mukhāloka vismerotphulla dṛṣṭaye namaḥ

...la que abría mucho los ojos asombrada por la bella sonrisa de la cara (de Krishna).

45. Om tat kānti yamunā sparśa hṛṣṭa romāṅga yaṣṭaye namaḥ

...aquella cuyos cabellos se erizaron cuanto tocó el río de la belleza de Krishna.

46. Om apratīkṣita samprāpta devī rūpopa labdhaye namaḥ

...la que tuvo una inesperada visión de la Madre Divina.

47. Om pāṇī padma svapadvīṇā śobhamān āmbikā dṛśe namaḥ

...la que tuvo la visión de la Madre Divina sosteniendo la vina (un instrumento de cuerda) en su mano de loto.

48. Om devī sadyas tirodhāna tāpa vyathita cetase namaḥ

...la que se entristeció mucho por la súbita desaparición de la Madre Divina.

49. Om dīna rodana nir ghoṣa dīrṇa dikkarṇa vartmane namaḥ
...aquella cuyos tristes gemidos dasgarraron los oídos de las cuatro direcciones.

50. Om tyaktānna pāna nidrādi sarva daihika dharmaṇe namaḥ
...la que abandonó todas las actividades corporales como comer, beber o dormir.

51. Om kurarādi samānīta bhakṣya poṣita varṣmaṇe namaḥ
...aquella cuyo cuerpo se alimentó con la comida que le llevaban las aves y los otros animales.

52. Om vīṇā niṣyanti saṅgīta lālita śruti nālaye namaḥ
...aquella cuyos oídos se llenaron con las olas de las melodías divinas que emanaban de la vina (de la Madre Divina).

53. Om apāra paramānanda laharī magna cetase namaḥ
...aquella cuya mente se sumergió en la embriagadora e ilimitada dicha suprema.

54. Om caṇḍikā bhīkarākāra darśanālabdha śarmaṇe namaḥ
...aquella cuya mente se llenó de paz con la visión de la forma terrible de la Madre Divina (Chandika).

55. Om śānta rūpāmṛta jharī pāraṇā nirvṛtātmane namaḥ
...la que se quedó en éxtasis al beber el embriagador río de ambrosía del aspecto pacífico (de la Madre Divina).

56. Om śāradā smārakāśeṣa svabhāva guṇa sampade namaḥ
...aquella cuya naturaleza y cualidades nos recuerdan a Sri Sarada Devi.

57. Om prati bimbita cāndreya śāradobhaya mūrtaye namaḥ
...aquella en la que se refleja la forma dual de Sri Ramakrishna y Sri Sarada Devi.

58. Om tannāṭakā bhinayana nitya raṅgayit ātmane namaḥ
...en la que podemos ver repetido el juego de estos dos.

59. Om cāndreya śāradā kelī kallolita sudhābdhaye namaḥ

...la que es el mar de ambrosía en el que aparecen las olas de los juegos de Sri Ramakrishna y Sri Sarada Devi.

60. Om uttejita bhṛgu kṣetra daiva caitanya raṃhase namaḥ

...la que ha realzado las potencialidades divinas de Kérala.

61. Om bhūyaḥ pratyava ruddhārṣa divya saṃskāra rāśaye namaḥ

...la que ha restablecido los eternos valores divinos proclamados por los rishis.

62. Om aprākṛtād bhutānanta kalyāṇa guṇa sindhave namaḥ

...la que es un mar de cualidades divinas que son naturales, maravillosas e infinitas.

63. Om aiśvarya vīrya kīrti śrī jñāna vairāgya veśmaṇe namaḥ

...la que es la encarnación de la soberanía, el valor, la fama, la buena fortuna, el conocimiento y el desapego (las seis características de la divinidad).

64. Om upātta bāla gopāla veṣa bhūṣā vibhūtaye namaḥ

...la que adoptó la forma y las cualidades del niño Krishna.

65. Om smera snigdha kaṭākṣāyai namaḥ

...aquella cuyas miradas son las más dulces y amorosas.

66. Om svairā dyuṣita vedaye namaḥ

...la que conduce programas juguetonamente en el escenario.

67. Om piñcha kuṇḍala mañjīra vaṃśikā kiṅkiṇī bhṛte namaḥ

...la que lleva todos los adornos – la pluma de pavo real, los pendientes, las ajorcas de los pies y la flauta –, como Krishna.

68. Om bhakta lokākhilā bhīṣṭa pūraṇa prīṇanecchave namaḥ

...aquella a la que le gusta complacer a sus devotos satisfaciendo todos sus deseos.

69. Om pīṭhārūḍha mahādevī bhāva bhāsvara mūrtaye namaḥ

...la que en la actitud de la Gran Diosa, sentada en el trono sagrado, tiene un aspecto resplandeciente.

70. Om bhūṣanāmbara veṣa śrī dīpya mānāṅga yaṣṭaye namaḥ

...aquella cuyo cuerpo entero brilla engalanado con ornamentos y un vestido sin par como los de la Madre Divina.

71. Om suprasanna mukhāmbhoja varābhayada pāṇaye namaḥ

...la que tiene un rostro brillante y radiante, tan hermoso como una flor de loto, y levanta la mano en la postura de bendecir.

72. Om kirīṭa raśanākarṇa pūra svarṇa paṭī bhṛte namaḥ

...la que lleva todos los adornos de oro y la corona, como la Madre Divina.

73. Om jihvā līḍha mahā rogi bībhatsa vraṇita tvace namaḥ

...la que lame con la lengua las úlceras supurantes de personas afligidas por terribles enfermedades.

74. Om tvag roga dhvaṃsa niṣṇāta gaurāṅgāpara mūrtaye namaḥ

...la que, como Sri Chaitanya, es una experta curando enfermedades de la piel.

75. Om steya hiṃsā surāpānā dyaśeṣādharma vidviṣe namaḥ

...la que desaprueba totalmente las malas cualidades como robar, dañar a los demás, consumir productos tóxicos, etc.

76. Om tyāga vairāgya maitryādi sarva sadvāsanā puṣe namaḥ

...la que alienta el cultivo de buenas cualidades como la renuncia, el desapego, el amor, etc.

77. Om pādāśrita manorūḍha dussaṃskāra rahomuṣe namaḥ

...la que elimina todas las malas tendencias del corazón de los que se han refugiado en sus pies de loto.

78. Om prema bhakti sudhāsikta sādhu citta guhājuṣe namaḥ

...la que mora en la cueva del corazón de los piadosos que están empapados del néctar de la devoción.

79. Om sudhāmaṇi mahā nāmne namaḥ

...la que tiene el gran nombre de Sudhamani.

80. Om subhāṣita sudhā muce namaḥ

...aquella cuya palabra es tan dulce como la ambrosía.

81. Om amṛtānanda mayyākhyā janakarṇa puṭa spṛśe namaḥ

...aquella cuyo nombre, Amritanandamayi, resuena por todo el mundo.

82. Om dṛpta datta viraktāyai namaḥ

...la que se muestra indiferente ante las ofrendas de las personas vanas y mundanas.

83. Om namrārpita bubhukṣave namaḥ

...la que acepta la comida ofrecida con humildad por los devotos.

84. Om utsṛṣṭa bhogi saṅgāyai namaḥ

...la que es reacia a estar en compañía de los que buscan placeres.

85. Om yogi saṅga riraṃsave namaḥ

...la que aprecia la compañía de los yogis.

86. Om abhinandita dānādi śubha karmā bhivṛddhaye namaḥ

...la que anima a realizar buenas acciones, como dar limosna, etc.

87. Om abhivandita niśśeṣa sthira jaṅgama sṛṣṭaye namaḥ

...la que es adorada por los seres vivos e inertes del mundo.

88. Om protsāhita brahma vidyā sampradāya pravṛttaye namaḥ

...la que anima a aprender la Ciencia de Brahman por medio del linaje tradicional de maestros y discípulos.

89. Om punar āsādita śreṣṭha tapovipina vṛttaye namaḥ

...la que ha restaurado el gran modo de vivir de los sabios de los bosques.

90. Om bhūyo gurukulā vāsa śikṣaṇotsuka medhase namaḥ

...la que quiere restablecer el sistema de educación gurukula (en la casa del maestro).

91. Om aneka naiṣṭhika brahmacāri nirmātṛ vedhase namaḥ

...la que es una madre para muchos brahmacharis perpetuos.

92. Om śiṣya saṅkrāmita svīya projjvalad brahma varcase namaḥ

...la que ha transmitido su divino resplandor a sus discípulos.

93. Om antevāsi janāśeṣa ceṣṭā pātita dṛṣṭaye namaḥ

...la que observa todas las acciones de sus discípulos.

94. Om mohāndha kāra sañcāri lokā nugrāhi rociṣe namaḥ

...la que se deleita bendiciendo los mundos, moviéndose como una luz celestial, disipando la oscuridad.

95. Om tamaḥ kliṣṭa mano vṛṣṭa svaprakāśa śubhāśiṣe namaḥ

...la que derrama la luz de sus bendiciones sobre el corazón de los que sufren en la oscuridad de la ignorancia.

96. Om bhakta śuddhānta raṅgastha bhadra dīpa śikhā tviṣe namaḥ

...la que es la brillante llama de la lámpara encendida en el corazón puro de los devotos.

97. Om saprīti bhukta bhaktau ghanyarpita sneha sarpiṣe namaḥ

...la que disfruta bebiendo el ghi (mantequilla clarificada) ofrecido por los devotos.

98. Om śiṣya varya sabhā madhya dhyāna yoga vidhitsave namaḥ

...aquella a la que le gusta sentarse a meditar con sus discípulos.

99. Om śaśvalloka hitācāra magna dehen driyāsave namaḥ

...aquella cuyo cuerpo y sentidos siempre están actuando por el bien del mundo.

100. Om nija punya pradānānya pāpādāna cikīrṣave namaḥ

...la que es feliz cambiando sus propios méritos por los deméritos de los demás.

101. Om para svaryāpana svīya naraka prāpti lipsave namaḥ

...la que es feliz cambiando el cielo por el infierno para aliviar a los demás.

102. Om rathotsava calat kanyā kumārī martya mūrtaye namaḥ

...la que es Kanya Kumari (la diosa del Cabo Comorín) en forma humana, como en el festival del carro.

103. Om vimo hārṇava nirmagna bhṛgu kṣetro jjihīrṣave namaḥ

...la que anhela elevar la tierra de Kérala, que está sumergida en el mar de la ignorancia.

104. Om punassantā nita dvaipāyana satkula tantave namaḥ

...la que ha prolongado el gran linaje del sabio Veda Vyasa (nacido en familia de pescadores).

105. Om veda śāstra purāṇetihāsa śāśvata bandhave namaḥ

...la eterna amiga de los Vedas, los tratados científicos, los puranas y las epopeyas.

106. Om bṛghu kṣetra samun mīlat para daivata tejase namaḥ

...la que es la gloria divina de la tierra de Kérala, que está despertando.

107. Om devyai namaḥ

...la Diosa.

108. Om premāmṛtānanda mayyai nityaṃ namo namaḥ

Om. Adoramos una y otra vez a la que está eternamente llena de la dicha inmortal del amor.

Śrī Lalitā Sahasranāmāvali

Los mil nombres de Śrī Lalitā en forma de mantras

Dhyānam – Meditación

Sindūrāruṇa vigrahām tri nayanām māṇikya mauli sphurat
tārānāyaka śekharām smita mukhīm āpīna vakṣoruhām
pāṇibhyām alipūrṇa ratna caṣakam raktotpalam bibhratīm
saumyām ratna ghaṭastha rakta caraṇām dhyāyet parām ambikām

¡Oh, Madre Ambika, medito en tu resplandeciente forma roja con tres ojos, en la que llevas una brillante corona de piedras preciosas y la luna creciente, muestras una dulce sonrisa, tus grandes pechos rebosan de amor maternal, sostienes en ambas manos vasijas tachonadas de joyas y adornadas con flores de loto rojas rodeadas de abejas y tus rojos pies de loto reposan sobre una jarra de oro llena de joyas!

Dhyāyet padmāsanasthām vikasita vadanām padma patrāyatākṣīm
hemābhām pītavastrām kara kalita lasad hema padmām varāṅgīm
sarvālaṅkāra yuktām satatam abhayadām
bhaktanamrām bhavānīm
śrī vidyām śānta mūrtim sakala sura nutām sarva sampat pradātrīm

¡Oh, Madre, déjame meditar en tu bella forma de color dorado, con un rostro radiante y grandes ojos de loto, sentada en una flor de loto, llevando una vestidura amarilla, resplandeciente, con todos los adornos, un loto dorado en la mano, siendo adorada por los devotos que se postran ante Ti, dándoles refugio siempre! ¡Déjame meditar en Ti, Sri Vidya, encarnación de la paz, objeto de adoración para todos los dioses, que concedes todas las riquezas!

Sakuṅkuma vilepanām alika cumbi kastūrikām
samanda hasitekṣaṇām saśara cāpa pāśāṅkuśām
aśeṣa jana mohinīm aruṇa mālya bhūṣojvalām
japā kusuma bhāsurām japavidhau smaredambikām

¡Oh, Madre del Universo, al sentarme a hacer japa permíteme recordar tu forma tan bella como la flor del hibisco, con una guirnalda roja y adornos centelleantes, untada con azafrán rojo, con una marca de brillante almizcle en la frente cuya fragancia atrae las abejas, sosteniendo en las manos el arco y la flecha, el lazo y la pica, y exhibiendo una dulce sonrisa!

Aruṇām karuṇā taraṅgitākṣīm
dhṛta pāśāṅkuśa puṣpa bāṇa cāpām
aṇimādibhir āvṛtām mayūkhai
raham ityeva vibhāvaye maheśīm

¡Oh, Gran Diosa, déjame imaginar que soy uno con tu gloriosa forma roja, rodeada por los rayos dorados de los ocho poderes paranormales, sosteniendo el lazo y la pica, el arco y las flechas de flores, con ojos en los que se elevan olas de compasión!

Nāmāvali

Mantras

1. Om śrī mātre namaḥ

Om. Adoramos a la Madre propicia.

(A veces se responde con el mismo nombre. Otras veces con el nombre 572: Om parāśaktyai namah)

2. Om śrī mahā rājñyai namaḥ

...la emperadora del Universo.

3. Om śrīmat siṃhāsan eśvaryai namaḥ

...la reina del trono más glorioso.

4. Om cid agni kuṇḍa sambhūtāyai namaḥ

...la que nació en el fuego de la Conciencia Pura.

5. Om deva kārya samudyatāyai namaḥ

...la que está decidida a cumplir los deseos de los dioses.

6. Om udyad bhānu sahasrābhāyai namaḥ
...la que posee el resplandor de mil soles nacientes.

7. Om catur bāhu samanvitāyai namaḥ
...la que tiene cuatro brazos.

8. Om rāga svarūpa pāśāḍhyāyai namaḥ
...la que sostiene en la mano la soga de la pasión.

9. Om krodhā kārāṅkuś ojjvalāyai namaḥ
...la que resplandece, sosteniendo la lanza de la ira.

10. Om mano rūpekṣu kodaṇḍāyai namaḥ
...la que sostiene en la mano un arco de caña de azúcar que representa la mente.

11. Om pañca tanmātra sāyakāyai namaḥ
...la que sostiene los cinco elementos sutiles como si fueran flechas.

12. Om nijāruṇa prabhā pūra majjad brahmāṇḍa maṇḍalāyai namaḥ

...la que sumerge todo el universo en el resplandor rojo de su forma.

13. Om campakā śoka punnāga saugandhika lasat kacāyai namaḥ

...la que tiene el cabello adornado con flores champaka, ashoka, punnaga y saugandhika.

14. Om kuruvinda maṇi śreṇī kanat koṭīra maṇḍitāyai namaḥ

...la que resplandece con una corona adornada con hileras de piedras preciosas kuruvinda.

15. Om aṣṭamī candra vibhrāja dalika sthala śobhitāyai namaḥ

...aquella cuya frente brilla como la luna creciente de la octava noche de la quincena lunar.

16. Om mukha candra kalaṅkābha mṛganābhi viśeṣakāyai namaḥ

...la que tiene una marca de almizcle en la frente que brilla como el punto de la luna.

17. Om vadana smara māṅgalya gṛha toraṇa cillikāyai namaḥ

...aquella cuyas cejas relucen como los arcos que llevan a la casa de Kama, el dios del amor, al que su rostro se asemeja.

18. Om vaktra lakṣmī parīvāha calan mīnābha locanāyai namaḥ

...aquella cuyos ojos poseen el brillo de los peces que se mueven en el arroyo de la belleza que fluye de su cara.

19. Om nava campaka puṣpābha nāsā daṇḍa virājitāyai namaḥ

...la que resplandece con una nariz que posee la belleza de una flor champaka recién abierta.

20. Om tārā kānti tiraskāri nāsābharaṇa bhāsurāyai namaḥ

...la que brilla con un adorno nasal más resplandeciente que una estrella.

21. Om kadamba mañjarī kḷpta karṇapūra manoharāyai namaḥ

...la cautivadora que adorna sus orejas con ramilletes de flores kadamba.

22. Om tāṭaṅka yugalī bhūta tapanoḍupa maṇḍalāyai namaḥ

...la que lleva el sol y la luna como un par de grandes pendientes.

23. Om padma rāga śilādarśa paribhāvi kapola bhuve namaḥ

...aquella cuyas mejillas son más bellas que espejos hechos de rubíes.

24. Om nava vidruma bimba śrī nyakkāri radana cchadāyai namaḥ

...aquella cuyos labios superan en el esplendor de sus reflejos al coral y a la fruta bimba recién cortados.

25. Om śuddha vidyāṅkurā kāra dvija paṅkti dvayojjvalāyai namaḥ

...la de dientes radiantes semejantes a los capullos del conocimiento puro.

26. Om karpūra vīṭikāmoda samākarṣad digantarāyai namaḥ

...la que disfruta de un rollo de betel con alcanfor cuyo aroma atrae a personas de todas partes.

27. Om nija sallāpa mādhurya vinirbhartsita kacchapyai namaḥ

...aquella cuya voz supera en dulzura incluso la vina de Sarasvati.

28. Om manda smita prabhā pūra majjat kāmeśa mānasāyai namaḥ

...la que sumerge incluso la mente de Kamesha (“el Señor del Deseo”, Shiva) en el resplandor de su sonrisa.

29. Om anākalita sādṛśya cibuka śrī virājitāyai namaḥ

...aquella cuya barbilla no se puede comparar con nada.

30. Om kāmeśa baddha māṅgalya sūtra śobhita kandharāyai namaḥ

...la que luce en el cuello el cordón matrimonial anudado por Kamesha.

31. Om kanakāṅgada keyūra kamanīya bhujānvitāyai namaḥ

...la que tiene los brazos bellamente adornados con brazaletes de oro.

32. Om ratna graiveya cintāka lola muktā phalānvitāyai namaḥ

...aquella cuyo cuello resplandece con un collar de piedras preciosas y un medallón de perlas.

33. Om kāmeśvara prema ratna maṇi pratipaṇa stanyai namaḥ

...la que ofrece sus pechos a Kameshvara ("el Señor del Deseo", Shiva) a cambio de la joya de amor que Él le concede.

34. Om nābhyālavāla romāli latā phala kuca dvayyai namaḥ

...aquella cuyos pechos son los frutos de la enredadera de la fina línea de vello que comienza en las profundidades de su ombligo y se extiende hacia arriba.

35. Om lakṣya roma latā dhāratā samunneya madhyamāyai namaḥ

...la que tiene una cintura cuya existencia sólo se infiere porque de ella brota la enredadera de su vello.

36. Om stana bhāra dalan madhya paṭṭa bandha vali trayāyai namaḥ

...la que tiene tres pliegues en el abdomen que forman un cinturón que evita que su cintura se quiebre por el peso de sus pechos.

37. Om aruṇāruṇa kausumbha vastra bhāsvat kaṭī taṭyai namaḥ

...la que tiene las caderas adornadas con un vestido tan rojo como el sol naciente, teñido con extracto de capullos de azafrán.

38. Om ratna kiṅkiṇikā ramya raśanā dāma bhūṣitāyai namaḥ

...la que se engalana con una faja decorada con muchas campanillas tachonadas de piedras preciosas.

39. Om kāmeśa jñāta saubhāgya mārdavoru dvayānvitāyai namaḥ

...aquella cuyos muslos son de una belleza y suavidad que sólo Kamesha, su marido, conoce.

40. Om māṇikya mukuṭākāra jānu dvaya virājitāyai namaḥ

...aquella cuyas rodillas son como coronas hechas de la hermosa joya roja manikya (una clase de rubí).

41. Om indra gopa parikṣipta smara tūṇābha jaṅghikāyai namaḥ

...aquella cuyas pantorrillas relucen como la aljaba cubierta de joyas donde el dios del amor guarda sus flechas.

42. Om gūḍha gulphāyai namaḥ

...aquella cuyos tobillos están escondidos.

43. Om kūrma pṛṣṭha jayiṣṇu prapad ānvitāyai namaḥ

...aquella cuyos pies tienen empeines que compiten en suavidad y belleza con el lomo de una tortuga.

44. Om nakha dīdhiti saṃchanna namajjana tamoguṇayai namaḥ

...aquella cuyas uñas de los pies resplandecen tanto que disipan por completo la oscuridad.

45. Om pada dvaya prabhā jāla parākṛta saroruhāyai namaḥ

...aquella cuyos pies resplandecen más que las flores de loto.

46. Om śiñjāna maṇi mañjīra maṇḍita śrī padāmbujāyai namaḥ

...la que tiene sus propicios pies de loto adornados con tobilleras de oro tachonadas de piedras preciosas que tintinean dulcemente.

47. Om marālī manda gamanāyai namaḥ

...la que camina tan lenta y suavemente como un cisne.

48. Om mahā lāvaṇya śevadhaye namaḥ

...la que es la mina de la belleza.

49. Om sarvāruṇāyai namaḥ

...la que tiene toda la piel roja.

50. Om anavadyāṅgyai namaḥ

...aquella cuyo cuerpo es digno de adoración.

51. Om sarvābharaṇa bhūṣitāyai namaḥ

...la que está radiante con toda clase de adornos.

52. Om śiva kāmeśvar āṅkasthāyai namaḥ

...la que se sienta en el regazo de Kameshvara.

53. Om śivāyai namaḥ

...la que es benévola.

54. Om svādhīna vallabhāyai namaḥ

...la que siempre mantiene a su marido bajo control.

55. Om sumeru madhya śṛṅgasthāyai namaḥ

...la que se sienta en el pico central del monte Sumeru.

56. Om śrīman nagara nāyikāyai namaḥ

...la Señora de la ciudad más próspera.

57. Om cintāmaṇi gṛhāntasthāyai namaḥ

...la que reside en una casa hecha de Chintamani (la joya que concede los deseos).

58. Om pañca brahmāsana sthitāyai namaḥ

...la que está sobre un asiento hecho de cinco Brahmas.

59. Om mahā padmāṭavī saṃsthāyai namaḥ
...la que vive en el gran bosque de loto.

60. Om kadamba vana vāsinyai namaḥ
...la que vive en un bosque de árbol kadamba.

61. Om sudhā sāgara madhyasthāyai namaḥ
...la que vive en el centro del océano de néctar.

62. Om kāmākṣyai namaḥ
...aquella cuyos ojos despiertan el deseo.

63. Om kāma dāyinyai namaḥ
...la que concede todos los deseos.

64. Om devarṣi gaṇa saṅghāta stūyamānātma vaibhavāyai namaḥ
...aquella cuyo poder es alabado por multitudes de dioses y sabios.

65. Om bhaṇḍāsura vadhodyukta śakti senā samanvitāyai namaḥ
...la que posee un ejército de shaktis decididas a matar a Bhandasura.

66. Om sampatkarī samārūḍha sindhura vraja sevitāyai namaḥ

...la que es asistida por una manada de elefantes dirigida con mucha habilidad por Sampatkari.

67. Om aśvārūḍha adhiṣṭhit āśva koṭi koṭibhir āvṛtāyai namaḥ

...la que está rodeada por una caballería de varios millones de caballos a las órdenes de la shakti Asvarudha.

68. Om cakra rāja rathārūḍha sarvāyudha pariṣkṛtāyai namaḥ

...la que resplandece en su carro Chakraraja provista de toda clase de armas.

69. Om geya cakra rathārūḍha mantriṇī pari sevitāyai namaḥ

...la que es servida por la shakti llamada Mantrini, que conduce el carro conocido como Geyachakra.

70. Om kiri cakra rathārūḍha daṇḍanāthā puras kṛtāyai namaḥ

...la que es escoltada por la shakti conocida como Dandanatha, que se sienta en el carro Kirichakra.

71. Om jvālā mālinikā kṣipta vahni prākāra madhyagāyai namaḥ

...la que se ha situado en el centro de la fortaleza de fuego creada por la diosa Jvalamalini.

72. Om bhaṇḍa sainya vadhodyukta śakti vikrama harṣitāyai namaḥ

...la que se regocija con el valor de las shaktis que están decididas a destruir las fuerzas de Bhandasura.

73. Om nityā parākramā ṭopa nirīkṣaṇa samutsukāyai namaḥ

...la que se deleita viendo el poder y el orgullo de sus deidades rectoras de los días.

74. Om bhaṇḍa putra vadhodyukta bālā vikrama nanditāyai namaḥ

...la que se deleita viendo el valor de la diosa Bala, decidida a matar a los hijos de Bhanda.

75. Om mantriṇyambā viracita viṣaṅga vadha toṣitāyai namaḥ

...la que se regocija con la destrucción, en el campo de batalla, del demonio Vishanga a manos de la shakti Mantrini.

76. Om viśukra prāṇa haraṇa vārāhī vīrya nanditāyai namaḥ

...la que se alegra de la destreza de Varahi, que mató a Vishukra.

77. Om kāmeśvara mukhāloka kalpita śrī gaṇeśvarāyai namaḥ

...la que creó a Ganesha mirando la cara de Kameshvara.

78. Om mahā gaṇeśa nirbhinna vighna yantra praharṣitāyai namaḥ

...la que se regocija cuando Ganesha destruye todos los obstáculos.

79. Om bhaṇḍāsurendra nirmukta śastra pratyastra varṣiṇyai namaḥ

...la que arroja armas que contrarrestan cada una de las armas lanzadas por Bhandasura contra Ella.

80. Om karāṅguli nakhotpanna nārāyaṇa daśākṛtyai namaḥ

...la que creó de sus uñas las diez encarnaciones de Narayana (Vishnu).

81. Om mahā pāśupat āstrāgni nirdagdhāsura sainikāyai namaḥ

...la que quemó los ejércitos de los demonios con el fuego del proyectil Maha pashupata.

82. Om kāmeśvarāstra nirdagdha sabhaṇḍāsura śūnyakāyai namaḥ

...la que quemó y destruyó a Bhandasura y su capital con el poderoso proyectil Kameshvara.

83. Om brahmopendra mahendrādi deva saṃstuta vaibhavāyai namaḥ

...aquella cuyos numerosos poderes ensalzan Brahma, Vishnu, Shiva y otros dioses.

84. Om hara netrāgni sandagdha kāma sañjīvan auṣadhyai namaḥ

...la que se convirtió en la medicina que dio la vida a Kama (el dios del amor), que había ardido en el fuego del ojo de Shiva.

85. Om śrīmad vāgbhava kūṭaika svarūpa mukha paṅkajāyai namaḥ

...aquella cuya cara de loto es el propicio vagbhavakuta (las cinco primeras sílabas del mantra de quince sílabas).

86. Om kaṇṭhādhaḥ kaṭi paryanta madhya kūṭa svarūpiṇyai namaḥ

...la que desde el cuello hasta la cintura tiene la forma del madhyakuta (las seis sílabas centrales de dicho mantra).

87. Om śakti kūṭaikatā panna kaṭy adhobhāga dhāriṇyai namaḥ

...la que bajo la cintura tiene la forma de shaktikuta (las cuatro últimas sílabas).

88. Om mūla mantrātmikāyai namaḥ

...la que es la encarnación del mantra primordial (el mantra de quince sílabas).

89. Om mūla kūṭa traya kalebarāyai namaḥ

...aquella cuyo cuerpo se compone de las tres partes del mantra de quince sílabas.

90. Om kulāmṛtaika rasikāyai namaḥ

...la que siente especial predilección por el néctar llamado kula.

91. Om kula saṅketa pālinyai namaḥ

...la que protege el código de rituales del camino de yoga conocido como kula.

92. Om kulāṅganāyai namaḥ

...la que habita en el kula.

93. Om kulāntasthāyai namaḥ
...la que habita en Kulavidya.

94. Om kaulinyai namaḥ
...la que pertenece al kula.

95. Om kula yoginyai namaḥ
...la deidad que está en los kulas.

96. Om akulāyai namaḥ
...la que no tiene familia.

97. Om samay āntasthāyai namaḥ
...la que vive dentro del samaya.

98. Om samayācāra tatparāyai namaḥ
...aquella a la que le gusta el culto samaya.

99. Om mūlādhāraika nilayāyai namaḥ
...la que tiene como residencia principal el muladhara.

100. Om brahma granthi vibhedinyai namaḥ
... La que atraviesa el nudo de Brahma.

101. Om maṇipūrāntar uditāyai namaḥ
...la que emerge en el chakra manipura.

102. Om viṣṇu granthi vibhedinyai namaḥ
...la que atraviesa el nudo de Vishnu.

103. Om ājñā cakrāntar ālasthāyai namaḥ
...la que vive en el centro del ajñachakra.

104. Om rudra granthi vibhedinyai namaḥ
...la que atraviesa el nudo de Shiva.

105. Om sahasrār āmbujā rūḍhāyai namaḥ
...la que asciende hasta el loto de mil pétalos.

106. Om sudhā sārābhi varṣiṇyai namaḥ
...la que derrama ríos de ambrosía.

107. Om taḍil latā sama rucyai namaḥ
...la que es tan hermosa como un relámpago.

108. Om ṣaṭ cakropari saṃsthitāyai namaḥ
...la que vive por encima de los seis chakras.

109. Om mahā saktyai namaḥ
...la que está muy apegada (a la unión de Shiva y Shakti).

110. Om kuṇḍalinyai namaḥ
...la que está enroscada.

111. Om bisa tantu tanīyasyai namaḥ
...la que es fina y delicada como la fibra del loto.

112. Om bhavānyai namaḥ
...la diosa Bhavani.

113. Om bhāvanā gamyāyai namaḥ
...la que la imaginación no puede alcanzar.

114. Om bhavāraṇya kuṭhārikāyai namaḥ
...la que es un hacha que limpia la jungla de la existencia mundana.

115. Om bhadra priyāyai namaḥ
...aquella a la que le gusta lo propicio.

116. Om bhadra mūrtaye namaḥ
...la que es la encarnación de lo propicio.

117. Om bhakta saubhāgya dāyinyai namaḥ
...la que da la prosperidad a sus devotos.

118. Om bhakti priyāyai namaḥ
...aquella a la que le gusta la devoción.

119. Om bhakti gamyāyai namaḥ
...la que es accesible por la devoción.

120. Om bhakti vaśyāyai namaḥ
...la que es atraída por la devoción.

121. Om bhayāpahāyai namaḥ
...la que disipa el miedo.

122. Om śāmbhavyai namaḥ
...La esposa de Shambhu ("el benéfico", Shiva).

123. Om śāradā rādhyāyai namaḥ
...la que es adorada por Sharada (Sarasvati).

124. Om śarvāṇyai namaḥ
... La esposa de Sharva (Shiva).

125. Om śarma dāyinyai namaḥ
...la que concede la felicidad.

126. Om śāṅkaryai namaḥ
...la que da la felicidad.

127. Om śrīkaryai namaḥ
...la que concede riquezas.

128. Om sādhvyai namaḥ
...la que es casta.

129. Om śarac candra nibhānanāyai namaḥ
...aquella cuya cara resplandece como la luna llena en un despejado cielo otoñal.

130. Om śātodaryai namaḥ
...la de fina cintura.

131. Om śāntimatyai namaḥ
...la que es serena.

132. Om nir ādhārāyai namaḥ
...la que no tiene soporte.

133. Om nir añjanāyai namaḥ
...la que es inmaculada.

134. Om nir lepāyai namaḥ
...la que carece de impurezas.

135. Om nir malāyai namaḥ
...la que no tiene manchas.

136. Om nityāyai namaḥ
...la que es eterna.

137. Om nir ākārāyai namaḥ
...la que no tiene forma.

138. Om nir ākulāyai namaḥ
...la que está libre de agitación.

139. Om nir guṇāyai namaḥ
...la que no tiene cualidades.

140. Om niṣ kalāyai namaḥ
...la que no tiene partes.

141. Om śāntāyai namaḥ
...la que es serena.

142. Om niṣ kāmāyai namaḥ
...la que no tiene deseos.

143. Om nir upaplavāyai namaḥ
...la que es indestructible.

144. Om nitya muktāyai namaḥ
...la eternamente libre.

145. Om nir vikārāyai namaḥ
...la que no cambia.

146. Om niṣ prapañcāyai namaḥ
...la que no es de este universo.

147. Om nir āśrayāyai namaḥ
...la que no tiene base.

148. Om nitya śuddhāyai namaḥ
...la que es eternamente pura.

149. Om nitya buddhāyai namaḥ
... la que es eternamente sabia.

150. Om nir avadyāyai namaḥ
...la que es intachable.

151. Om nir antarāyai namaḥ
...la que se extiende por todas partes.

152. Om niṣ kāraṇāyai namaḥ
...la que no tiene causa.

153. Om niṣ kalaṅkāyai namaḥ
...la que no tiene defectos.

154. Om nir upādhaye namaḥ
...la que no está condicionada.

155. Om nir īśvarāyai namaḥ
...la que no tiene amo.

156. Om nīrāgāyai namaḥ
...la que no tiene pasiones.

157. Om rāga mathanyai namaḥ
...la que destruye las pasiones.

158. Om nir madāyai namaḥ
...la que no tiene orgullo.

159. Om mada nāśinyai namaḥ
...la que destruye el orgullo.

160. Om niś cintāyai namaḥ
...la que no tiene preocupaciones.

161. Om nir ahaṅkārāyai namaḥ
...la que carece de ego.

162. Om nir mohāyai namaḥ
...la que está libre de falsas ilusiones.

163. Om moha nāśinyai namaḥ
...la que destruye las falsas ilusiones.

164. Om nir mamāyai namaḥ
...la que no tiene interés propio.

165. Om mamatā hantryai namaḥ
...la que destruye el sentido de la propiedad.

166. Om niṣ pāpāyai namaḥ
...la que no tiene pecados.

167. Om pāpa nāśinyai namaḥ
...la que destruye los pecados.

168. Om niṣ krodhāyai namaḥ
...la que carece de ira.

169. Om krodha śamanyai namaḥ
...la que destruye la ira.

170. Om nir lobhāyai namaḥ
...la que no tiene codicia.

171. Om lobha nāśinyai namaḥ
...la que destruye la codicia.

172. Om niḥ saṃśayāyai namaḥ
...la que no tiene dudas.

173. Om saṃśaya ghnyai namaḥ
...la que destruye las dudas.

174. Om nir bhavāyai namaḥ
...la que no tiene origen.

175. Om bhava nāśinyai namaḥ
...la que destruye el ciclo del nacimiento y la muerte.

176. Om nir vikalpāyai namaḥ
...la que carece de falsas imaginaciones.

177. Om nir ābādhāyai namaḥ
...aquella a la que nada perturba.

178. Om nir bhedāyai namaḥ
...la que no conoce diferencias.

179. Om bheda nāśinyai namaḥ
...la que elimina las diferencias.

180. Om nir nāśāyai namaḥ
...la que es indestructible.

181. Om mṛtyu mathanyai namaḥ
...la que destruye la muerte.

182. Om niṣ kriyāyai namaḥ
...la que permanece inactiva.

183. Om niṣ parigrahāyai namaḥ
...la que no adquiere ni acepta nada.

184. Om nis tulāyai namaḥ

...la que es incomparable.

185. Om nīla cikurāyai namaḥ

...la de cabello moreno y brillante.

186. Om nir apāyāyai namaḥ

...la que es imperecedera.

187. Om nir atyayāyai namaḥ

...la que no puede ser transgredida.

188. Om durlabhāyai namaḥ

...aquella a la que es difícil acceder.

189. Om durgamāyai namaḥ

...aquella a la que es difícil acercarse.

190. Om durgāyai namaḥ

...Durga.

191. Om duḥkha hantryai namaḥ
...la que destruye el dolor.

192. Om sukha pradāyai namaḥ
...la que concede la felicidad.

193. Om duṣṭa dūrāyai namaḥ
...aquella a la que no pueden llegar los pecadores.

194. Om durācāra śamanyai namaḥ
...la que acaba con las malas costumbres.

195. Om doṣa varjitāyai namaḥ
...la que está libre de defectos.

196. Om sarvajñāyai namaḥ
...la que es omnisciente.

197. Om sāndra karuṇāyai namaḥ
...la que muestra una gran compasión.

198. Om samāna adhika varjitāyai namaḥ
...la que no tiene ni igual ni superior.

199. Om sarva śakti mayyai namaḥ
...la que tiene todos los poderes.

200. Om sarva maṅgalāyai namaḥ
...la fuente de todo lo favorable.

201. Om sad gati pradāyai namaḥ
...la que nos lleva por el buen camino.

202. Om sarveśvaryai namaḥ
...la que lo gobierna todo.

203. Om sarva mayyai namaḥ
...la que lo llena todo.

204. Om sarva mantra svarūpiṇyai namaḥ
...la que es la esencia de todos los mantras.

205. Om sarva yantrātmikāyai namaḥ
...la que es el alma de todos los yantras.

206. Om sarva tantra rūpāyai namaḥ
...la que tiene la forma de todos los tantras.

207. Om manonmanyai namaḥ
...la que es el poder (shakti) de Shiva.

208. Om māheśvaryai namaḥ
...la Gran Señora.

209. Om mahā devyai namaḥ
...la Gran Diosa.

210. Om mahā lakṣmyai namaḥ
...la Gran Lakshmi.

211. Om mṛḍa priyāyai namaḥ
...la amada de Mrda (Shiva).

212. Om mahā rūpāyai namaḥ
...la que tiene una gran forma.

213. Om mahā pūjyāyai namaḥ
...la que es el mayor objeto de veneración.

214. Om mahā pātaka nāśinyai namaḥ
...la que destruye hasta el pecado más grande.

215. Om mahā māyāyai namaḥ
...la Gran Ilusión.

216. Om mahā sattvāyai namaḥ
...la que posee un gran equilibrio (sattva).

217. Om mahā śaktyai namaḥ
...la que es el Gran Poder (Shakti).

218. Om mahā ratyai namaḥ
...la que es el Gran Deleite.

219. Om mahā bhogāyai namaḥ
...la que posee inmensas riquezas.

220. Om maha iśvaryāyai namaḥ
...la que tiene soberanía suprema.

221. Om mahā vīryāyai namaḥ
...la que tiene un enorme valor.

222. Om mahā balāyai namaḥ
...la que tiene una gran fuerza.

223. Om mahā buddhyai namaḥ
...la que tiene una gran inteligencia.

224. Om mahā siddhyai namaḥ
...la que tiene grandes poderes paranormales.

225. Om mahā yogeśvar eśvaryai namaḥ
...la Señora de los grandes yogis.

226. Om mahā tantrāyai namaḥ
...la que es el gran tantra.

227. Om mahā mantrāyai namaḥ
...la que es el gran mantra.

228. Om mahā yantrāyai namaḥ
...la que es el gran yantra.

229. Om mahāsanāyai namaḥ
...la que se sienta en magníficos asientos.

230. Om mahā yāga kramārādhyāyai namaḥ
...la que es adorada mediante el gran sacrificio.

231. Om mahā bhairava pūjitāyai namaḥ
...aquella a la que incluso Mahabhairava (Shiva) rinde culto.

232. Om maheśvara mahākalpa mahātāṇḍava sākṣiṇyai namaḥ
...la que contempla la gran danza de Maheshvara (Shiva) al final del gran ciclo cósmico.

233. Om mahā kāmeśa mahiṣyai namaḥ
...la reina del gran Señor del Deseo (Kamesha, Shiva).

234. Om mahā tripura sundaryai namaḥ
...la gran Tripurasundari (la bella de las tres ciudades).

235. Om catuḥ ṣaṣty upacār āḍhyāyai namaḥ
...aquella a la que se adora mediante sesenta y cuatro ceremonias.

236. Om catuḥ ṣaṣṭi kalā mayyai namaḥ
...la encarnación de las sesenta y cuatro bellas artes.

237. Om mahā catuḥ ṣaṣṭi koṭi yoginī gaṇa sevitāyai namaḥ
...aquella a la que sirven seiscientos cuarenta millones de grupos de yoginis.

238. Om manu vidyāyai namaḥ
...la encarnación del ritual Manuvidya.

239. Om candra vidyāyai namaḥ
...la encarnación del ritual Chandravidya.

240. Om candra maṇḍala madhyagāyai namaḥ
...la que reside en el centro del disco de la luna.

241. Om cāru rūpāyai namaḥ
...la que posee una bella forma.

242. Om cāru hāsāyai namaḥ
...la de hermosa sonrisa.

243. Om cāru candra kalā dharāyai namaḥ
...la que lleva una hermosa luna creciente.

244. Om carācara jagan nāthāyai namaḥ
...la soberana del mundo animado e inanimado.

245. Om cakra rāja niketanāyai namaḥ
...la que habita en el Srichakra.

246. Om pārvatyai namaḥ
...Parvati (la hija del Himalaya).

247. Om padma nayanāyai namaḥ
...la de ojos de loto.

248. Om padma rāga sama prabhāyai namaḥ
...la que brilla como el rubí.

249. Om pañca pretāsan āsīnāyai namaḥ
...la que se sienta en un asiento hecho de cinco cadáveres.

250. Om pañca brahma svarūpiṇyai namaḥ
...aquella cuyo cuerpo se compone de los cinco Brahmas.

251. Om cinmayyai namaḥ
...la que está hecha de Conciencia.

252. Om param ānandāyai namaḥ
...la que es la dicha suprema.

253. Om vijñāna ghana rūpiṇyai namaḥ
...la que tiene la forma de una masa de Conciencia.

254. Om dhyāna dhyātṛ dhyeya rūpāyai namaḥ
...la que adopta la forma de la meditación, el meditador y lo meditado.

255. Om dharmādharma vivarjitāyai namaḥ
...la que trasciende la virtud y el vicio.

256. Om viśva rūpāyai namaḥ
...la que está en el estado de vigilia.

257. Om jāgariṇyai namaḥ
...la que está despierta.

258. Om svapantyai namaḥ
...la que sueña.

259. Om taijas ātmikāyai namaḥ
...la que está en el estado de sueño con ensueños.

260. Om suptāyai namaḥ
...la que duerme.

261. Om prājñātmikāyai namaḥ

...la que está en el estado de sueño profundo.

262. Om turyāyai namaḥ

...la que es el Cuarto (estado de conciencia).

263. Om sarvāvasthā vivarjitāyai namaḥ

...la que no se halla en ningún estado de conciencia.

264. Om sṛṣṭi kartryai namaḥ

...la creadora.

265. Om brahma rūpāyai namaḥ

...la que adopta la forma de Brahma.

266. Om goptryai namaḥ

...la protectora.

267. Om govinda rūpiṇyai namaḥ

...la que adopta la forma de Govinda (Vishnu).

268. Om saṃhāriṇyai namaḥ
...la destructora.

269. Om rudra rūpāyai namaḥ
...la que adopta la forma de Rudra (Shiva).

270. Om tirodhāna karyai namaḥ
...la que provoca la desaparición de todas las cosas.

271. Om īśvaryai namaḥ
...la que lo gobierna todo.

272. Om sadā śivāyai namaḥ
...la que siempre es propicia.

273. Om anugraha dāyai namaḥ
...la que concede bendiciones.

274. Om pañca kṛtya parāyaṇāyai namaḥ
...la que realiza cinco actividades (creación, conservación, destrucción, ocultamiento y bendición, mencionadas en mantras 264 - 273).

275. Om bhānu maṇḍala madhyasthāyai namaḥ
...la que reside en el centro del disco solar.

276. Om bhairavyai namaḥ
...la esposa de Bhairava (Shiva).

277. Om bhaga mālinyai namaḥ
...la que lleva la guirnalda de las seis excelencias (poder, belleza, fama, riqueza, conocimiento y desapego).

278. Om padmāsanāyai namaḥ
...la que se sienta sobre el loto.

279. Om bhagavatyai namaḥ
...la Bienaventurada.

280. Om padma nābha sahodaryai namaḥ
...la hermana de Vishnu.

281. Om unmeṣa nimiṣotpanna vipanna bhuvanāvalyai namaḥ

...la que hace que nazcan y desaparezcan mundos cuando abre y cierra los ojos.

282. Om sahasra śīrṣa vadanāyai namaḥ

...la que tiene mil cabezas y caras.

283. Om sahasrākṣyai namaḥ

...la que tiene mil ojos.

284. Om sahasra pade namaḥ

...la que tiene mil pies.

285. Om ābrahma kīṭa jananyai namaḥ

...la madre de todas las cosas, desde Brahma hasta el insecto más insignificante.

286. Om varṇāśrama vidhāyinyai namaḥ

...la que estableció el orden social y las etapas de la vida.

287. Om nijājñā rūpa nigamāyai namaḥ

...aquella cuyas órdenes toman la forma de los Vedas.

288. Om puṇyāpuṇya phala pradāyai namaḥ

...la que distribuye los frutos de las buenas y malas acciones.

289. Om śruti sīmanta sindūrī kṛta pādābja dhūlikāyai namaḥ

...aquella el polvo de cuyos pies es la marca de bermellón de la raya que divide el cabello de los Vedas (personificados como diosas).

290. Om sakalāgama sandoha śukti samputa mauktikāyai namaḥ

...la que es la perla encerrada en la concha de las escrituras.

291. Om puruṣārtha pradāyai namaḥ

...la que concede los (cuatro) fines de la vida humana (rectitud, riqueza, amor y liberación).

292. Om pūrṇāyai namaḥ

...la que es perfecta.

293. Om bhoginyai namaḥ

...la que disfruta.

294. Om bhuvaneśvaryai namaḥ

...la que gobierna el universo.

295. Om ambikāyai namaḥ

...la Madre.

296. Om anādi nidhanāyai namaḥ

...la que no tiene ni comienzo ni fin.

297. Om hari brahmendra sevitāyai namaḥ

...aquella a la que sirven Brahma, Vishnu e Indra.

298. Om nārāyaṇyai namaḥ

...la consorte de Narayana (Vishnu).

299. Om nāda rūpāyai namaḥ

...la que tiene la forma del sonido.

300. Om nāma rūpa vivarjitāyai namaḥ

...la que no tiene ni nombre ni forma.

301. Om hrīṃ kāryai namaḥ

...la que tiene la forma de la sílaba hrim.

302. Om hrīmatyai namaḥ

...la que está dotada de modestia.

303. Om hṛdyāyai namaḥ

...la que habita en el corazón.

304. Om heyopādeya varjitāyai namaḥ

...la que no tiene nada que rechazar ni que aceptar.

305. Om rāja rājārcitāyai namaḥ

...la que es adorada por el Rey de Reyes (Shiva).

306. Om rājñyai namaḥ

...la esposa del Rey (Shiva).

307. Om ramyāyai namaḥ

...la que es encantadora.

308. Om rājīva locanāyai namaḥ

...la de ojos como pétalos de loto.

309. Om rañjinyai namaḥ

...la que deleita.

310. Om ramaṇyai namaḥ

...la que da alegría.

311. Om rasyāyai namaḥ

...la que es deliciosa.

312. Om raṇat kiṅkiṇi mekhalāyai namaḥ

...la que lleva un cinturón de campanillas tintineantes.

313. Om ramāyai namaḥ

...la que se ha convertido en Lakshmi.

314. Om rākendu vadanāyai namaḥ

...la que tiene una cara tan hermosa como la luna llena.

315. Om rati rūpāyai namaḥ

...la que tiene la forma del placer amoroso.

316. Om rati priyāyai namaḥ

...aquella a la que le gusta el placer amoroso.

317. Om rakṣā karyai namaḥ

...la protectora.

318. Om rākṣasa ghnyai namaḥ

...la que mata a los demonios.

319. Om rāmāyai namaḥ

...la que deleita.

320. Om ramaṇa lampaṭāyai namaḥ

...la que desea a su amado (Shiva).

321. Om kāmyāyai namaḥ

...la que es deseable.

322. Om kāma kalā rūpāyai namaḥ

...la que adopta la forma del arte del amor.

323. Om kadamba kusuma priyāyai namaḥ

...aquella a la que le gustan las flores kadamba.

324. Om kalyāṇyai namaḥ

...la que concede buenos augurios.

325. Om jagatī kandāyai namaḥ

...la raíz del mundo entero.

326. Om karuṇā rasa sāgarāyai namaḥ

...la que es el océano de la compasión.

327. Om kalāvatyai namaḥ

...la encarnación de todas las artes.

328. Om kalālāpāyai namaḥ

...la que habla dulcemente.

329. Om kāntāyai namaḥ

...la que es hermosa.

330. Om kādambarī priyāyai namaḥ

...la que es aficionada al licor de kadamba.

331. Om varadāyai namaḥ

...la que concede los deseos.

332. Om vāma nayanāyai namaḥ

...la de bellos ojos.

333. Om vāruṇī mada vihvalāyai namaḥ

...la que está ebria de licor.

334. Om viśvādhikāyai namaḥ

...la que trasciende el universo.

335. Om veda vedyāyai namaḥ

...aquella a la que se conoce por medio de los Vedas.

336. Om vindhyācala nivāsinyai namaḥ

...la que vive en los montes Vindhya.

337. Om vidhātryai namaḥ

...la que crea y sostiene este universo.

338. Om veda jananyai namaḥ

...la madre de los Vedas.

339. Om viṣṇu māyāyai namaḥ

... la que es el poder ilusorio de Vishnu.

340. Om vilāsinyai namaḥ

...la juguetona.

341. Om kṣetra svarūpāyai namaḥ

...aquella cuyo cuerpo es la materia.

342. Om kṣetreśyai namaḥ

...la que gobierna la materia.

343. Om kṣetra kṣetrajña pālinyai namaḥ

...la que protege la materia y al conocedor de la materia (el alma).

344. Om kṣaya vṛddhi vinirmuktāyai namaḥ

...la que está libre del crecimiento y el deterioro.

345. Om kṣetra pāla samarcitāyai namaḥ

...la que es adorada por Kshetrapala (Shiva encarnado como un bebé).

346. Om vijayāyai namaḥ

...la victoriosa.

347. Om vimalāyai namaḥ

...la que no tiene mancha.

348. Om vandyāyai namaḥ

...la que es digna de adoración.

349. Om vandāru jana vatsalāyai namaḥ

...la que siente amor maternal por los que la veneran.

350. Om vāg vādinyai namaḥ

...la que habla.

351. Om vāma keśyai namaḥ

...la que tiene un hermoso cabello.

352. Om vahni maṇḍala vāsinyai namaḥ

...la que vive en el disco de fuego.

353. Om bhaktimat kalpa latikāyai namaḥ

...la que es la hiedra que concede los deseos de sus devotos.

354. Om paśu pāśa vimocinyai namaḥ

...la que libera el alma de la esclavitud.

355. Om saṃhṛtāśeṣa pāṣaṇḍāyai namaḥ

...la que destruye a todos los herejes.

356. Om sadācāra pravartikāyai namaḥ

...la que promueve las buenas acciones.

357. Om tāpa trayāgni santapta samāhlādana candrikāyai namaḥ

...la que es la luz de luna que alegra a los afligidos por el fuego de los tres dolores (procedentes de uno mismo, de los otros seres y de los dioses).

358. Om taruṇyai namaḥ

...la que es eternamente joven.

359. Om tāpas ārādhyāyai namaḥ

...la que es venerada por los ascetas.

360. Om tanu madhyāyai namaḥ

...la de esbelta cintura.

361. Om tamopahāyai namaḥ

...la que elimina la oscuridad.

362. Om cityai namaḥ

...la que es la Conciencia.

363. Om tat pada lakṣyārthāyai namaḥ

...la que es el significado de la palabra “Eso” (en la frase “Tú eres Eso”).

364. Om cid eka rasa rūpiṇyai namaḥ
...aquella cuya única esencia es la Conciencia.

365. Om svātmānanda lavībhūta brahmādyānanda santatyai namaḥ
...aquella de cuya felicidad sólo es una pequeña parte la felicidad de Brahma y los demás seres.

366. Om parāyai namaḥ
...la que es la palabra trascendente.

367. Om pratyak citī rūpāyai namaḥ
...la que tiene la forma de la Conciencia interior.

368. Om paśyantyai namaḥ
...la que es la palabra sutil universal.

369. Om para devatāyai namaḥ
...la divinidad suprema.

370. Om madhyamāyai namaḥ
...la que es la palabra sutil particularizada.

371. Om vaikharī rūpāyai namaḥ
...la que tiene la forma de la palabra tosca.

372. Om bhakta mānasa haṃsikāyai namaḥ
...la que es el cisne que nada en el lago de la mente de sus devotos.

373. Om kāmeśvara prāṇa nāḍyai namaḥ
...la que es el río de la vida de Kameshvara (Shiva).

374. Om kṛtajñāyai namaḥ
...la que conoce las acciones.

375. Om kāma pūjitāyai namaḥ
...la que es adorada por Kama (el dios del amor).

376. Om śṛṅgāra rasa sampūrṇāyai namaḥ
...la que está llena de la esencia del amor.

377. Om jayāyai namaḥ
...la victoriosa.

378. Om jālandhara sthitāyai namaḥ
...la que vive en el chakra de la garganta (vishuddhi).

379. Om oḍyāṇa pīṭha nilayāyai namaḥ
...la que vive en el chakra del entrecejo (ajna).

380. Om bindu maṇḍala vāsinyai namaḥ
...la que vive en el chakra de la coronilla (sahasrara).

381. Om raho yāga kramārādhyāyai namaḥ
...la que es adorada con sacrificios secretos.

382. Om rahas tarpaṇa tarpitāyai namaḥ
...aquella a la que complacen los ritos secretos.

383. Om sadyaḥ prasādinyai namaḥ
...la que concede su gracia de inmediato.

384. Om viśva sākṣiṇyai namaḥ
...la que lo ve todo.

385. Om sākṣi varjitāyai namaḥ

...aquella a la que nadie ve.

386. Om ṣaḍ aṅga devatā yuktāyai namaḥ

...aquella a la que acompañan las deidades de los seis miembros (corazón, cabeza, cabello, ojos, armadura y armas).

387. Om ṣāḍ guṇya pari pūritāyai namaḥ

...la que está plenamente dotada de las seis buenas cualidades.

388. Om nitya klinnāyai namaḥ

...la que siempre se muestra compasiva.

389. Om nirupamāyai namaḥ

...la que es incomparable.

390. Om nirvāṇa sukha dāyinyai namaḥ

...la que da la felicidad de la liberación.

391. Om nityā ṣoḍaśikā rūpāyai namaḥ

...la que tiene diecisiete formas eternas.

392. Om śrīkaṇṭhārdha śarīriṇyai namaḥ
...la que es la mitad del cuerpo de Srikantha (Shiva).

393. Om prabhāvatyai namaḥ
...la resplandeciente.

394. Om prabhā rūpāyai namaḥ
...la que tiene la forma del resplandor.

395. Om prasiddhāyai namaḥ
...la que es famosa.

396. Om parameśvaryai namaḥ
...la soberana suprema.

397. Om mūla prakṛtyai namaḥ
...la que es la materia primordial.

398. Om avyaktāyai namaḥ
...la que no se manifiesta.

399. Om vyaktāvyakta svarūpiṇyai namaḥ

...la que está en forma manifiesta y no manifiesta.

400. Om vyāpinyai namaḥ

...la que lo llena todo.

401. Om vividhā kārāyai namaḥ

...la que tiene multitud de formas.

402. Om vidyāvidyā svarūpiṇyai namaḥ

...la que tiene la naturaleza del conocimiento y la ignorancia.

403. Om mahā kāmeśa nayana kumudāhlāda kaumudyai namaḥ

...la que es la luz de luna que alegra los nenúfares que son los ojos de Mahakamesha (el gran Kamesha, Shiva).

404. Om bhakta hārda tamo bheda bhānumad bhānu santatyai namaḥ

...el rayo de sol que disipa la oscuridad del corazón de sus devotos.

405. Om śiva dūtyai namaḥ

...aquella cuyo mensajero es Shiva.

406. Om śivārādhyāyai namaḥ

...la que es adorada por Shiva.

407. Om śiva mūrtyai namaḥ

...aquella cuya forma es Shiva.

408. Om śivaṅkaryai namaḥ

...la que da lo que es propicio.

409. Om śiva priyāyai namaḥ

...la amada de Shiva.

410. Om śiva parāyai namaḥ

...la que está más allá de Shiva.

411. Om śiṣṭeṣṭāyai namaḥ

...la que es amada por los sabios.

412. Om śiṣṭa pūjitāyai namaḥ

...la que es adorada por los sabios.

413. Om aprameyāyai namaḥ

...la que es inconmensurable.

414. Om svaprakāśāyai namaḥ

...la que se ilumina a sí misma.

415. Om mano vācām agocarāyai namaḥ

...la que está fuera del alcance de la mente y el habla.

416. Om cicchaktyai namaḥ

...la que es el poder de la Conciencia.

417. Om cetanā rūpāyai namaḥ

...la que tiene la forma de la Conciencia.

418. Om jaḍa śaktyai namaḥ

...la que es el poder de lo inanimado.

419. Om jaḍātmikāyai namaḥ

...la que es lo inanimado.

420. Om gāyatryai namaḥ

...la que es el mantra Gayatri.

421. Om vyāhṛtyai namaḥ

...la que gobierna la pronunciación de las palabras.

422. Om sandhyāyai namaḥ

...la que une el día y la noche.

423. Om dvija vṛnda niṣevitāyai namaḥ

...la que es adorada por el nacido dos veces.

424. Om tattvāsanāyai namaḥ

...la que está sentada sobre los principios de la realidad.

425. Om tasmai namaḥ

...la que es “Eso” (en la frase “tu eres Eso”).

426. Om tubhyaṃ namaḥ

...la que es “tú” (en la misma frase).

427. Om ayyai namaḥ

Om. Te adoramos a Ti, Madre querida.

428. Om pañca kośāntara sthitāyai namaḥ

Om Adoramos a la que está dentro de las cinco envolturas.

429. Om niḥsīma mahimne namaḥ

...aquella cuya gloria es ilimitada.

430. Om nitya yauvanāyai namaḥ

...la eternamente joven.

431. Om mada śālinyai namaḥ

...la que resplandece en estado de embriaguez.

432. Om mada ghūrṇita raktākṣyai namaḥ

...aquella cuyos ojos enrojecidos giran por la embriaguez.

433. Om mada pāṭala gaṇḍa bhuve namaḥ

...la que tiene las mejillas sonrosadas por la embriaguez.

434. Om candana drava digdhāṅgyai namaḥ

...la que se unta el cuerpo con pasta de sándalo.

435. Om cāmpeya kusuma priyāyai namaḥ

...aquella a la que le encantan las flores champaka.

436. Om kuśalāyai namaḥ

...la que es hábil.

437. Om komalākārāyai namaḥ

...la de forma delicada.

438. Om kurukullāyai namaḥ

...la que es (la diosa) Kurukulla.

439. Om kuleśvaryai namaḥ

...la que gobierna la tríada (de conocedor, conocimiento y conocido).

440. Om kula kuṇḍālayāyai namaḥ

...la que duerme en el chakra muladhara.

441. Om kaula mārga tatpara sevitāyai namaḥ

...la adorada por los seguidores de la tradición Kaula.

442. Om kumāra gaṇanāthāmbāyai namaḥ

...la madre de Subrahmanya y Ganesha.

443. Om tuṣṭyai namaḥ

...la que es la satisfacción.

444. Om puṣṭyai namaḥ

...la que es la nutrición.

445. Om matyai namaḥ

...la que es la inteligencia.

446. Om dhṛtyai namaḥ

...la que es la fortaleza.

447. Om śāntyai namaḥ

...la que es la serenidad.

448. Om svasti matyai namaḥ

...la que es la buena fortuna.

449. Om kāntyai namaḥ

...la que es el esplendor.

450. Om nandinyai namaḥ

...la que concede el deleite.

451. Om vighna nāśinyai namaḥ

...la que destruye los obstáculos.

452. Om tejovatyai namaḥ

...la resplandeciente.

453. Om tri nayanāyai namaḥ

...la que tiene tres ojos.

454. Om lolākṣī kāma rūpiṇyai namaḥ

...la que tiene la forma del amor apasionado.

455. Om mālinyai namaḥ

...la que lleva guirnaldas.

456. Om haṃsinyai namaḥ

...la que no está separada de los sabios más elevados.

457. Om mātre namaḥ

...la Madre.

458. Om malayācala vāsinyai namaḥ

...la que vive en la montaña Malaya.

459. Om sumukhyai namaḥ

...la que tiene una hermosa cara.

460. Om nalinyai namaḥ

... la que tiene un cuerpo bello y suave como los pétalos del loto.

461. Om subhruve namaḥ

...la que tiene hermosas cejas.

462. Om śobhanāyai namaḥ

...la resplandeciente.

463. Om sura nāyikāyai namaḥ

...la jefa de los dioses.

464. Om kālakaṇṭhyai namaḥ

...la esposa de Kalakantha (“el del cuello negro”, Shiva).

465. Om kānti matyai namaḥ

...la que es radiante.

466. Om kṣobhiṇyai namaḥ

...la que trastorna.

467. Om sūkṣma rūpiṇyai namaḥ

...la que tiene una forma sutil.

468. Om vajreśvaryai namaḥ

...la diosa del rayo.

469. Om vāma devyai namaḥ

...la diosa del lado izquierdo.

470. Om vayovasthā vivarjitāyai namaḥ

...la que no es ni joven, ni adulta, ni anciana.

471. Om siddheśvaryai namaḥ

...la reina de los siddhas (sabios con poderes).

472. Om siddha vidyāyai namaḥ

...la que es la sabiduría de los siddhas.

473. Om siddha mātre namaḥ

...la madre de los siddhas.

474. Om yaśasvinyai namaḥ

...la que es famosa.

475. Om viśuddhi cakra nilayāyai namaḥ

...la que reside en el visuddhi chakra (de la garganta).

476. Om ārakta varṇāyai namaḥ

...la que tiene la piel rojiza.

477. Om tri locanāyai namaḥ

...la que tiene tres ojos.

478. Om khaṭvāṅgādi praharaṇāyai namaḥ

...la que lleva un mazo y otras armas.

479. Om vadanaika samanvitāyai namaḥ

...la que tiene una sola cara.

480. Om pāyasānna priyāyai namaḥ

...aquella a la que le gusta el arroz con leche.

481. Om tvaksthāyai namaḥ

...la que gobierna el órgano del tacto (la piel).

482. Om paśu loka bhayaṅkaryai namaḥ

...la que atemoriza a los ignorantes.

483. Om amṛtādi mahāśakti saṃvṛtāyai namaḥ

...la que está rodeada por Amrita y otras grandes shaktis (poderes).

484. Om ḍākinīśvaryai namaḥ

...la que es la diosa Dakini (descrita en los nombres 475 - 483).

485. Om anāhatābja nilayāyai namaḥ

...la que vive en el loto del corazón (anahata).

486. Om śyāmābhāyai namaḥ

...la de piel negra.

487. Om vadana dvayāyai namaḥ

...la que tiene dos caras.

488. Om daṃṣṭrojjvalāyai namaḥ

...la que tiene brillantes colmillos.

489. Om akṣa mālādi dharāyai namaḥ

...la que lleva rosarios de rudraksha y otros adornos.

490. Om rudhira saṃsthitāyai namaḥ

...la que gobierna la sangre.

491. Om kāla rātryādi śaktyaugha vṛtāyai namaḥ

...la que está rodeada por Kalaratri y otras shaktis.

492. Om snigdhaudana priyāyai namaḥ

...aquella a la que le gusta el arroz con ghi.

493. Om mahā vīrendra varadāyai namaḥ

...la que concede deseos a los grandes guerreros.

494. Om rākiṇyambā svarūpiṇyai namaḥ

...la que tiene la naturaleza de la diosa Rakini (nombres 485 - 493).

495. Om maṇipūrābja nilayāyai namaḥ

...la que vive en el loto manipura (del plexo solar).

496. Om vadana traya saṃyutāyai namaḥ

...la que tiene tres caras.

497. Om vajrādikā yudho petāyai namaḥ

...la que empuña el rayo y otras armas.

498. Om ḍāmaryādibhir āvṛtāyai namaḥ

...la que está rodeada por Damari y otras shaktis.

499. Om rakta varṇāyai namaḥ

...la que es de color rojo.

500. Om māṃsa niṣṭhāyai namaḥ

...la que gobierna la carne.

501. Om guḍānna prīta mānasāyai namaḥ

...aquella a la que le gusta el arroz con melaza.

502. Om samasta bhakta sukhadāyai namaḥ

...la que da la felicidad a todos sus devotos.

503. Om lākinyambā svarūpiṇyai namaḥ

...la que tiene la naturaleza de la diosa Lakini (nombres 495 - 502).

504. Om svādhiṣṭhān āmbuja gatāyai namaḥ

...la que está en el loto svadhisthana (del abdomen).

505. Om catur vaktra manoharāyai namaḥ

...la que tiene cuatro hermosas caras.

506. Om śūlādyāyudha sampannāyai namaḥ

...la que tiene el tridente y otras armas.

507. Om pīta varṇāyai namaḥ

...la que es de color amarillo.

508. Om ati garvitāyai namaḥ

...la que es muy orgullosa.

509. Om medo niṣṭhāyai namaḥ

...la que gobierna la grasa.

510. Om madhu prītāyai namaḥ

...aquella a la que le gusta la miel.

511. Om bandinyādi samanvitāyai namaḥ

...aquella a la que acompañan Bandini y otras shaktis.

512. Om dadhy annāsakta hṛdayāyai namaḥ

...aquella cuyo corazón se deleita con la comida mezclada con cuajada.

513. Om kākinī rūpa dhāriṇyai namaḥ

...la que tiene la forma de la shakti Kakini (nombres 504 - 512).

514. Om mūlādhār āmbujā rūḍhāyai namaḥ

...la que vive en el loto muladhara (del perineo).

515. Om pañca vaktrāyai namaḥ

...la que tiene cinco caras.

516. Om asthi saṃsthitāyai namaḥ

...la que gobierna los huesos.

517. Om aṅkuśādi praharaṇāyai namaḥ

...la que tiene la lanza y otras armas.

518. Om varadādi niṣevitāyai namaḥ

...aquella a la que sirven Varada y otras shaktis.

519. Om mudgaudan āsakta cittāyai namaḥ

...aquella a la que le encanta la sopa de arroz con frijoles.

520. Om sākinyambā svarūpiṇyai namaḥ

...la que tiene la naturaleza de la diosa Sakini (nombres 514 - 519).

521. Om ājñā cakrābja nilayāyai namaḥ

...la que vive en el ajña chakra (del entrecejo).

522. Om śukla varṇāyai namaḥ

...la que es de color blanco.

523. Om ṣaḍ ānanāyai namaḥ

...la que tiene seis caras.

524. Om majjā saṃsthāyai namaḥ

...la que gobierna el tuétano.

525. Om haṃsa vatī mukhya śakti samanvitāyai namaḥ

...la que tiene a las shaktis Hamsavati y Kshamavati.

526. Om haridrānnaika rasikāyai namaḥ

...aquella a la que le gusta la comida aliñada con cúrcuma.

527. Om hākinī rūpa dhāriṇyai namaḥ

...la que tiene la forma de la diosa Hakini (nombres 521 - 526).

528. Om sahasra dala padmasthāyai namaḥ

...la que vive en el loto de mil pétalos.

529. Om sarva varṇo paśobhitāyai namaḥ

...la que resplandece con todos los colores.

530. Om sarvāyudha dharāyai namaḥ

...la que empuña todas las armas.

531. Om śukla saṃsthitāyai namaḥ

...la que gobierna el semen.

532. Om sarvatomukhyai namaḥ

...la que tiene caras que miran en todas las direcciones.

533. Om sarvaudana prīta cittāyai namaḥ

...aquella a la que le complacen todos los alimentos.

534. Om yākinyambā svarūpiṇyai namaḥ

...la que tiene la naturaleza de la diosa Yakini (nombres 528 - 533).

535. Om svāhāyai namaḥ

...la que es svaha (la palabra que se pronuncia en los sacrificios a los dioses).

536. Om svadhāyai namaḥ

...la que es svadha (la palabra que se pronuncia en los sacrificios a los antepasados).

537. Om amatyai namaḥ

...la que es lo inconsciente.

538. Om medhāyai namaḥ
...la que es la sabiduría.

539. Om śrutyai namaḥ
...la que es las escrituras reveladas.

540. Om smṛtyai namaḥ
...la que es las escrituras tradicionales.

541. Om anuttamāyai namaḥ
...la que es insuperable.

542. Om puṇya kīrtyai namaḥ
...la que es famosa por su santidad.

543. Om puṇya labhyāyai namaḥ
...la que sólo puede ser alcanzada mediante la virtud.

544. Om puṇya śravaṇa kīrtanāyai namaḥ
...la que concede méritos a quien oye hablar de Ella y la alaba.

545. Om pulomaj ārcitāyai namaḥ
...la adorada por Pulomaja (la esposa de Indra).

546. Om bandha mocinyai namaḥ
...la que libera de la esclavitud.

547. Om barbarā lakāyai namaḥ
...la de cabello rizado.

548. Om vimarśa rūpiṇyai namaḥ
...la que tiene la forma de la vibración primordial.

549. Om vidyāyai namaḥ
...la que es el conocimiento.

550. Om viyadādi jagat prasuve namaḥ
...la que engendró el universo formado por el éter, etc.

551. Om sarva vyādhi praśamanyai namaḥ
...la que cura todas las enfermedades.

552. Om sarva mṛtyu nivāriṇyai namaḥ
...la que protege de toda clase de muertes.

553. Om agra gaṇyāyai namaḥ
...la que hay que considerar la primera.

554. Om acintya rūpāyai namaḥ
...aquella cuya forma no puede pensarse.

555. Om kali kalmaṣa nāśinyai namaḥ
...la que destruye los pecados del kaliyuga.

556. Om kātyāyanyai namaḥ
...la hija del sabio Kata.

557. Om kāla hantryai namaḥ
...la que destruye el tiempo.

558. Om kamalākṣa niṣevitāyai namaḥ
...la que es adorada por Vishnu.

559. Om tāmbūla pūrita mukhyai namaḥ
...la que tiene la boca llena de betel.

560. Om dāḍimī kusuma prabhāyai namaḥ
...la que brilla como una flor de granado.

561. Om mṛgākṣyai namaḥ
...la que tiene ojos de cierva.

562. Om mohinyai namaḥ
...la que es encantadora.

563. Om mukhyāyai namaḥ
...la que es la primera.

564. Om mṛḍānyai namaḥ
...la esposa de Mrda (Shiva).

565. Om mitra rūpiṇyai namaḥ
...la que tiene una naturaleza amistosa.

566. Om nitya tṛptāyai namaḥ
...la que siempre está satisfecha.

567. Om bhakta nidhaye namaḥ
...la que es el tesoro de sus devotos.

568. Om niyantryai namaḥ
...la que controla.

569. Om nikhileśvaryai namaḥ
...la que lo gobierna todo.

570. Om maitryādi vāsanā labhyāyai namaḥ
...la que se alcanza con el amor y otras buenas tendencias.

571. Om mahā pralaya sākṣiṇyai namaḥ
...la que presencia la gran disolución.

572. Om parāśaktyai namaḥ
...la que es el poder supremo.

573. Om parā niṣṭhāyai namaḥ
...la que es el fin supremo.

574. Om prajñāna ghana rūpiṇyai namaḥ
...la que tiene la forma de una masa compacta de conciencia.

575. Om mādhvī pānālasāyai namaḥ
...la que está lánguida por haber bebido vino.

576. Om mattāyai namaḥ
...la que está embriagada.

577. Om mātṛkā varṇa rūpiṇyai namaḥ
...la que tiene la forma de las letras del alfabeto.

578. Om mahā kailāsa nilayāyai namaḥ
...la que reside en el gran (monte) Kailasa.

579. Om mṛṇāla mṛdu dor latāyai namaḥ
...aquella cuyos brazos son tan suaves como el tallo del loto.

580. Om mahanīyāyai namaḥ
...la que debe ser adorada.

581. Om dayā mūrtyai namaḥ
...la personificación de la compasión.

582. Om mahā sāmrājya śālinyai namaḥ
...la que posee el gran imperio.

583. Om ātma vidyāyai namaḥ
...la que es el conocimiento del Atman.

584. Om mahā vidyāyai namaḥ
...la que es el gran saber.

585. Om śrī vidyāyai namaḥ
...la que es el conocimiento sagrado.

586. Om kāma sevitāyai namaḥ
...la que es adorada por Kama (el dios del amor).

587. Om śrī ṣoḍaśākṣarī vidyāyai namaḥ

...la que adopta la forma del mantra de dieciséis sílabas.

588. Om trikūṭāyai namaḥ

...la que consta de tres partes.

589. Om kāma koṭikāyai namaḥ

...aquella de la que Siva es una parte.

590. Om kaṭākṣa kiṅkarī bhūta kamalā koṭi sevitāyai namaḥ

...aquella a la que sirven millones de Lakshmis a las que somete con una simple mirada.

591. Om śiraḥ sthitāyai namaḥ

...la que vive en la cabeza.

592. Om candra nibhāyai namaḥ

...la que resplandece como la luna.

593. Om bhālasthāyai namaḥ

...la que reside en la frente.

594. Om indra dhanuḥ prabhāyai namaḥ
...la que resplandece como el arco iris.

595. Om hṛdayasthāyai namaḥ
...la que reside en el corazón.

596. Om ravi prakhyāyai namaḥ
...la que brilla como el sol.

597. Om trikoṇāntara dīpikāyai namaḥ
...la que es la luz que está dentro del triángulo (el muladhara).

598. Om dākṣāyaṇyai namaḥ
...la hija de Daksha.

599. Om daitya hantryai namaḥ
...la que mata a los demonios.

600. Om dakṣa yajña vināśinyai namaḥ
...la destructora del sacrificio de Daksha.

601. Om darāndolita dīrghākṣyai namaḥ
...la de ojos alargados y trémulos.

602. Om dara hāsojjvalan mukhyai namaḥ
...aquella cuya cara resplandece por su sonrisa.

603. Om guru mūrtaye namaḥ
...la que tiene la forma del maestro.

604. Om guṇa nidhaye namaḥ
...la que es un tesoro de virtudes.

605. Om go mātre namaḥ
...la que es la madre de las vacas.

606. Om guha janma bhuve namaḥ
...la madre de Guha (Subrahmanya).

607. Om deveśyai namaḥ
...la soberana de los dioses.

608. Om daṇḍa nītisthāyai namaḥ
...la que reside en la administración de justicia.

609. Om daharākāśa rūpiṇyai namaḥ
...la que tiene la forma del espacio del corazón.

610. Om pratipan mukhya rākānta tithi maṇḍala pūjitāyai namaḥ
...aquella a la que se adora todos los días del medio mes lunar.

611. Om kalātmikāyai namaḥ
...la que tiene la naturaleza de las artes.

612. Om kalā nāthāyai namaḥ
...la señora de las artes.

613. Om kāvyālāpa vinodinyai namaḥ
...aquella que disfruta escuchando poesía.

614. Om sacāmara ramā vāṇī savya dakṣiṇa sevitāyai namaḥ
...aquella a la que Lakshmi sirve por la izquierda y Sarasvati por la derecha portando abanicos ceremoniales.

615. Om ādiśaktyai namaḥ
...la que es el poder primordial.

616. Om ameyāyai namaḥ
...aquella a la que no se puede medir.

617. Om ātmane namaḥ
...la que es el Atman.

618. Om paramāyai namaḥ
...la Suprema.

619. Om pāvanā kṛtaye namaḥ
...aquella cuya forma purifica.

620. Om aneka koṭi brahmāṇḍa jananyai namaḥ
...la que ha creado muchos millones de mundos.

621. Om divya vigrahāyai namaḥ
...la que tiene un cuerpo divino.

622. Om klīṃkāryai namaḥ
...la que ha creado la sílaba klim.

623. Om kevalāyai namaḥ
...la que es absoluta.

624. Om guhyāyai namaḥ
...la que es misteriosa.

625. Om kaivalya pada dāyinyai namaḥ
...la que concede la emancipación.

626. Om tripurāyai namaḥ
...la que es más antigua que la Trinidad (Brahma, Vishnu y Shiva).

627. Om trijagad vandyāyai namaḥ
...aquella a la que adoran los tres mundos.

628. Om tri mūrtyai namaḥ
...la que es la Trinidad.

629. Om tridaśeśvaryai namaḥ

...la soberana de los dioses.

630. Om tryakṣaryai namaḥ

... la que consta de tres letras.

631. Om divya gandhāḍhyāyai namaḥ

...la que tiene una fragancia divina.

632. Om sindūra tilak āñcitāyai namaḥ

...la que se adorna la frente con un punto de bermellón.

633. Om umāyai namaḥ

...(la diosa) Uma (Parvati).

634. Om śailendra tanayāyai namaḥ

...la hija del rey de las montañas (el Himalaya).

635. Om gauryai namaḥ

...la de tez blanca.

636. Om gandharva sevitāyai namaḥ
...aquella a la que sirven los músicos celestiales.

637. Om viśva garbhāyai namaḥ
...la que tiene el universo en la matriz.

638. Om svarṇa garbhāyai namaḥ
...la que tiene (el huevo de) oro en la matriz.

639. Om avaradāyai namaḥ
...la que destruye a los demonios.

640. Om vāg adhīśvaryai namaḥ
...la que gobierna el habla.

641. Om dhyāna gamyāyai namaḥ
...aquella a la que se llega por medio de la meditación.

642. Om apari cchedyāyai namaḥ
...la que no tiene límites.

643. Om jñānadāyai namaḥ
...la que concede la sabiduría.

644. Om jñāna vigrahāyai namaḥ
...la que es la encarnación de la sabiduría.

645. Om sarva vedānta saṃvedyāyai namaḥ
...la que es bien conocida por todas las upanishads.

646. Om satyānanda svarūpiṇyai namaḥ
...la que tiene la naturaleza de la verdad y la felicidad.

647. Om lopāmudrā arcitāyai namaḥ
...la que es adorada por Lopamudra (la esposa del sabio Agastya).

648. Om līlā kḷpta brahmāṇḍa maṇḍalāyai namaḥ
...la que ha creado el universo jugando.

649. Om adṛśyāyai namaḥ
...la que es imperceptible.

650. Om dṛśya rahitāyai namaḥ
...la que no tiene nada que percibir.

651. Om vijñātryai namaḥ
...la que sabe.

652. Om vedya varjitāyai namaḥ
...la que no tiene nada que conocer.

653. Om yoginyai namaḥ
...la que experimenta la unión (yoga).

654. Om yogadāyai namaḥ
...la que da la unión.

655. Om yogyāyai namaḥ
...la que merece la unión.

656. Om yogānandāyai namaḥ
...la que posee la felicidad de la unión.

657. Om yugandharāyai namaḥ
...la portadora de los yugas (edades cósmicas).

658. Om icchā śakti jñāna śakti kriyā śakti svarūpiṇyai namaḥ
...la que tiene la naturaleza de los poderes de la voluntad, el conocimiento y la acción.

659. Om sarvādhārāyai namaḥ
...la que es el soporte de todo.

660. Om supratiṣṭhāyai namaḥ
...la que está firmemente establecida.

661. Om sad asad rūpa dhāriṇyai namaḥ
...la que adopta la forma de lo real y lo irreal.

662. Om aṣṭa mūrtyai namaḥ
...la que tiene ocho formas.

663. Om ajā jaitryai namaḥ
...la que vence la ignorancia.

664. Om loka yātrā vidhāyinyai namaḥ
...la que dirige el curso de los mundos.

665. Om ekākinyai namaḥ
...la que es única.

666. Om bhūma rūpāyai namaḥ
...la que tiene la forma de la totalidad.

667. Om nir dvaitāyai namaḥ
...la que carece de dualidad.

668. Om dvaita varjitāyai namaḥ
...la que ha abandonado la dualidad.

669. Om annadāyai namaḥ
...la que proporciona el alimento.

670. Om vasudāyai namaḥ
...la que concede riquezas.

671. Om vṛddhāyai namaḥ

...la que es antigua.

672. Om brahmātmaikya svarūpiṇyai namaḥ

...aquella que tiene la naturaleza de la unidad de Brahman y el Atman.

673. Om bṛhatyai namaḥ

...la que es inmensa.

674. Om brāhmaṇyai namaḥ

...la sacerdotisa.

675. Om brāhmyai namaḥ

...la consorte de Brahma (Sarasvati).

676. Om brahmānandāyai namaḥ

...la que tiene la Felicidad de Brahman.

677. Om bali priyāyai namaḥ

...aquella a la que le gustan las ofrendas sacrificiales.

678. Om bhāṣā rūpāyai namaḥ

...la que tiene la forma del lenguaje.

679. Om bṛhat senāyai namaḥ

...la que posee un gran ejército.

680. Om bhāvābhāva vivarjitāyai namaḥ

...la que está más allá de la existencia y de la inexistencia.

681. Om sukhārādhyāyai namaḥ

...aquella a la que se adora con facilidad.

682. Om śubha karyai namaḥ

...la que hace el bien.

683. Om śobhanā sulabhā gatyai namaḥ

...aquella a la que se llega por un camino fácil y brillante.

684. Om rāja rājeśvaryai namaḥ

...la soberana de los dioses.

685. Om rājya dāyinyai namaḥ
...la que concede la soberanía.

686. Om rājya vallabhāyai namaḥ
...la que ama la soberanía.

687. Om rājat kṛpāyai namaḥ
...la de compasión brillante.

688. Om rāja pīṭha niveśita nijāśritāyai namaḥ
...la que coloca en tronos reales a los que se refugian en Ella.

689. Om rājya lakṣmyai namaḥ
...la que es la riqueza regia.

690. Om kośa nāthāyai namaḥ
...la Señora del tesoro.

691. Om catur aṅga baleśvaryai namaḥ
...la que está al mando de las cuatro partes del ejército (elefantes, carros, caballos e infantería).

692. Om sāmrājya dāyinyai namaḥ
...la que concede la soberanía universal.

693. Om satya sandhāyai namaḥ
...la que mantiene la verdad.

694. Om sāgara mekhalāyai namaḥ
...la que está rodeada por los océanos.

695. Om dīkṣitāyai namaḥ
...la que está consagrada.

696. Om daitya śamanyai namaḥ
...la que destruye a los demonios.

697. Om sarva loka vaśaṅkaryai namaḥ
...la que somete todos los mundos.

698. Om sarvārtha dātryai namaḥ
...la que concede todos los deseos.

699. Om sāvitryai namaḥ
...la vivificadora.

700. Om sac cid ānanda rūpiṇyai namaḥ
...la que tiene la naturaleza de Realidad, Conciencia y Felicidad.

701. Om deśa kālāpari cchinnāyai namaḥ
...la que no está limitada ni por el tiempo ni por el espacio.

702. Om sarvagāyai namaḥ
...la omnipresente.

703. Om sarva mohinyai namaḥ
...la que desconcierta a todos.

704. Om sarasvatyai namaḥ
...Sarasvati (la diosa del saber).

705. Om śāstramayyai namaḥ
...aquella cuyos miembros son las ciencias.

706. Om guhāmbāyai namaḥ
...la madre de Guha (Subrahmanya).

707. Om guhya rūpiṇyai namaḥ
...aquella cuya forma es secreta.

708. Om sarvopādhi vinirmuktāyai namaḥ
...la que carece de condicionamientos.

709. Om sadāśiva pativratāyai namaḥ
...la devota esposa de Sadashiva (“el Shiva eterno”).

710. Om sampradāy eśvaryai namaḥ
...la que gobierna las tradiciones.

711. Om sādhune namaḥ
...la que es apropiada.

712. Om yai namaḥ
...la que es la letra “i”.

713. Om guru maṇḍala rūpiṇyai namaḥ
...la que adopta la forma del linaje de los maestros.

714. Om kulottīrṇāyai namaḥ
...la que trasciende los sentidos.

715. Om bhagārādhyāyai namaḥ
...la que puede ser adorada en el disco solar.

716. Om māyāyai namaḥ
...la que es la Ilusión Cósmica.

717. Om madhumatyai namaḥ
...la que es dulce como la miel.

718. Om mahyai namaḥ
...la que es la Tierra.

719. Om gaṇāmbāyai namaḥ
...la madre de los ayudantes de Shiva.

720. Om guhyak ārādhyāyai namaḥ
...la que es adorada por los guhyakas (espíritus ocultos).

721. Om komalāṅgyai namaḥ
...la que tiene suaves miembros.

722. Om guru priyāyai namaḥ
...la que es amada por los maestros.

723. Om svatantrāyai namaḥ
...la que es independiente.

724. Om sarva tantreśyai namaḥ
...la Señora de todos los tantras.

725. Om dakṣiṇā mūrti rūpiṇyai namaḥ
...la que tiene la forma de Dakshinamurti (Shiva como maestro supremo).

726. Om sanakādi samārādhyāyai namaḥ
...la adorada por Sanaka y otros sabios.

727. Om śiva jñāna pradāyinyai namaḥ

...la que concede el conocimiento de Shiva.

728. Om cit kalāyai namaḥ

...la que es una parte de la Conciencia.

729. Om ānanda kalikāyai namaḥ

...la que es el capullo de la Felicidad.

730. Om prema rūpāyai namaḥ

...la que tiene la forma del Amor.

731. Om priyaṅkaryai namaḥ

...la que da lo que agrada.

732. Om nāma pārāyaṇa prītāyai namaḥ

...aquella a la que le gusta que se reciten sus nombres.

733. Om nandi vidyāyai namaḥ

...la que es la sabiduría de Nandi (el toro que es la montura de Shiva).

734. Om naṭeśvaryai namaḥ
...la esposa de Nateshvara ("el Señor de la Danza", Shiva).

735. Om mithyā jagad adhiṣṭhānāyai namaḥ
...la que es el soporte del universo ilusorio.

736. Om mukti dāyai namaḥ
...la que concede la liberación.

737. Om mukti rūpiṇyai namaḥ
...la que adopta la forma de la liberación.

738. Om lāsya priyāyai namaḥ
...aquella a la que le gusta la danza femenina.

739. Om laya karyai namaḥ
...la que provoca ensimismamiento.

740. Om lajjāyai namaḥ
...la que se manifiesta como modestia.

741. Om rambhādi vanditāyai namaḥ

...la que es adorada por Rambha y las otras doncellas celestiales.

742. Om bhava dāva sudhā vṛṣṭyai namaḥ

...la que es la lluvia de néctar que cae sobre el incendio de la existencia mundana.

743. Om pāpāraṇya davānalāyai namaḥ

...la que es el incendio (destructor) del bosque de los pecados.

744. Om daurbhāgya tūla vātūlāyai namaḥ

...la que es el vendaval que se lleva los copos de algodón de la desgracia.

745. Om jarā dhvānta ravi prabhāyai namaḥ

...la que es la luz del sol que disipa la oscuridad de la vejez.

746. Om bhāgyābdhi candrikāyai namaḥ

...la que es la luz de luna que ilumina el mar de la buena fortuna.

747. Om bhakta citta keki ghanāghanāyai namaḥ

...la que es la nube que alegra a los pavos reales que son los corazones de sus devotos.

748. Om roga parvata dambholaye namaḥ

...la que es el rayo que destruye la montaña de la enfermedad.

749. Om mṛtyu dāru kuṭhārikāyai namaḥ

...la que es el hacha que tala el árbol de la muerte.

750. Om maheśvaryai namaḥ

...la Gran Señora.

751. Om mahā kālyai namaḥ

...la gran Kali.

752. Om mahā grāsāyai namaḥ

...la gran devoradora.

753. Om mahāśanāyai namaḥ

...la que se come lo grande.

754. Om aparṇāyai namaḥ

...la que no come (ni) hojas (cuando hace austeridades).

755. Om caṇḍikāyai namaḥ

...la Iracunda.

756. Om caṇḍa muṇḍāsura niṣūdinyai namaḥ

...la que mató a los demonios Chanda y Munda.

757. Om kṣarākṣar ātmikāyai namaḥ

...la que es perecedera e imperecedera.

758. Om sarva lokeśyai namaḥ

...la soberana de todos los mundos.

759. Om viśva dhāriṇyai namaḥ

...la que sostiene el universo.

760. Om tri varga dātryai namaḥ

...la que concede los tres bienes mundanos (la virtud, la riqueza y el amor).

761. Om subhagāyai namaḥ
...la que es afortunada.

762. Om tryambakāyai namaḥ
...la que tiene tres ojos.

763. Om triguṇa ātmikāyai namaḥ
...la que está compuesta de las tres cualidades de la materia.

764. Om svargāpavarga dāyai namaḥ
...la que concede el cielo y la liberación.

765. Om śuddhāyai namaḥ
...la que es pura.

766. Om japā puṣpa nibhākṛtyai namaḥ
...aquella cuyo cuerpo es como la flor de hibisco.

767. Om ojovatyai namaḥ
...la que está llena de vitalidad.

768. Om dyuti dharāyai namaḥ
...la que está llena de esplendor.

769. Om yajña rūpāyai namaḥ
...la que tiene la forma del sacrificio.

770. Om priya vratāyai namaḥ
...aquella a la que le gustan los votos.

771. Om durārādhyāyai namaḥ
...la que es difícil de adorar.

772. Om durādharṣāyai namaḥ
...la que es difícil de controlar.

773. Om pāṭalī kusuma priyāyai namaḥ
...aquella a la que le gusta la flor patali.

774. Om mahatyai namaḥ
...la que es grande.

775. Om meru nilayāyai namaḥ
...la que vive en el monte Meru.

776. Om mandāra kusuma priyāyai namaḥ
...aquella a la que le gustan las flores del árbol mandara.

777. Om vīrārādhyāyai namaḥ
...la adorada por los héroes.

778. Om virāḍ rūpāyai namaḥ
...la que tiene la forma del universo material.

779. Om virajase namaḥ
...la que no tiene (la cualidad de la) pasión (rajas).

780. Om viśvato mukhyai namaḥ
...la que mira en todas las direcciones.

781. Om pratyag rūpāyai namaḥ
...la que está vuelta hacia el interior.

782. Om parākāśāyai namaḥ
...la que es el éter supremo.

783. Om prāṇadāyai namaḥ
...la que da la vida.

784. Om prāṇa rūpiṇyai namaḥ
...la que tiene la forma de la vida.

785. Om mārtāṇḍa bhairavā rādhyāyai namaḥ
...la que es adorada por Martandabhairava (Shiva).

786. Om mantriṇī nyasta rājya dhure namaḥ
...la que ha confiado las responsabilidades regias a su ministro.

787. Om tripureśyai namaḥ
...la Señora de las tres ciudades.

788. Om jayat senāyai namaḥ
...la que tiene un ejército victorioso.

789. Om nistraiguṇyāyai namaḥ
...la que carece de las tres cualidades de la materia.

790. Om parāparāyai namaḥ
...la que es tanto absoluta como relativa.

791. Om satya jñānānanda rūpāyai namaḥ
...la que tiene la forma de Verdad, Conocimiento y Felicidad.

792. Om sāmarasya parāyaṇāyai namaḥ
...la que está inmersa en el estado de ecuanimidad.

793. Om kapardinyai namaḥ
...la esposa de Kapardin ("el que lleva rastas", Shiva).

794. Om kalā mālāyai namaḥ
...la que lleva una guirnalda hecha con las artes.

795. Om kāma dughe namaḥ
...la que concede los deseos.

796. Om kāma rūpiṇyai namaḥ
...la que adopta la forma del deseo.

797. Om kalā nidhaye namaḥ
...la que es el tesoro de las artes.

798. Om kāvya kalāyai namaḥ
...la que es el arte de la poesía.

799. Om rasa jñāyai namaḥ
...la que conoce los sentimienos estéticos.

800. Om rasa śevadhaye namaḥ
...la que es el tesoro de los sentimientos estéticos.

801. Om puṣṭāyai namaḥ
...la que está fuerte y bien alimentada.

802. Om purātanāyai namaḥ
...la que es antigua.

803. Om pūjyāyai namaḥ
...la digna de adoración.

804. Om puṣkarāyai namaḥ
...la que es como un loto.

805. Om puṣkar ekṣaṇāyai namaḥ
...la que tiene ojos como lotos.

806. Om parasmai jyotiṣe namaḥ
...la que es la Luz Suprema.

807. Om parasmai dhāmne namaḥ
...la que es la Morada Suprema.

808. Om paramāṇave namaḥ
...la que es la partícula más sutil.

809. Om parāt parāyai namaḥ
...la suprema entre los supremos.

810. Om pāśa hastāyai namaḥ
...la que tiene una soga en la mano.

811. Om pāśa hantryai namaḥ
...la que destruye las ataduras.

812. Om para mantra vibhedinyai namaḥ
...la que destruye los mantras de los enemigos.

813. Om mūrtāyai namaḥ
...la que tiene forma.

814. Om amūrtāyai namaḥ
...la que no tiene forma.

815. Om anitya tṛptāyai namaḥ
...aquella a quien le complace lo perecedero.

816. Om muni mānasa haṃsikāyai namaḥ
...la que es el cisne que nada en el lago de la mente de los sabios.

817. Om satya vratāyai namaḥ
...la que permanece firmemente en la Verdad.

818. Om satya rūpāyai namaḥ
...la que tiene la forma de la Verdad.

819. Om sarvāntar yāmiṇyai namaḥ
...la que lo controla todo desde dentro.

820. Om satyai namaḥ
...la que es la Verdad.

821. Om brahmāṇyai namaḥ
...la que es la punta de Brahman.

822. Om brahmaṇe namaḥ
...la que es Brahman.

823. Om jananyai namaḥ
...la Madre.

824. Om bahu rūpāyai namaḥ
...la que tiene multitud de formas.

825. Om budhārcitāyai namaḥ
...la que es adorada por los sabios.

826. Om prasavitryai namaḥ
...la que procrea.

827. Om pracaṇḍāyai namaḥ
...la que es feroz.

828. Om ājñāyai namaḥ
...la que tiene un poder ilimitado.

829. Om pratiṣṭhāyai namaḥ
...la que es el soporte.

830. Om prakaṭ ākṛtyai namaḥ
...la que tiene una forma manifiesta.

831. Om prāṇeśvaryai namaḥ
...la señora del aliento vital.

832. Om prāṇa dātryai namaḥ
...la que da la vida.

833. Om pañcāśat pīṭha rūpiṇyai namaḥ
...la que tiene cincuenta centros de culto.

834. Om viśṛṅkhalāyai namaḥ
...la que no tiene cadenas.

835. Om viviktasthāyai namaḥ
...la que vive en lugares solitarios.

836. Om vīra mātre namaḥ
...la madre de los valientes.

837. Om viyat prasuve namaḥ
...la madre del éter.

838. Om mukundāyai namaḥ
...la que concede la liberación.

839. Om mukti nilayāyai namaḥ
...la morada de la liberación.

840. Om mūla vigraha rūpiṇyai namaḥ
...la que tiene la forma primordial.

841. Om bhāva jñāyai namaḥ
...la que conoce los estados mentales.

842. Om bhava roga ghnyai namaḥ
...la que destruye la enfermedad de la existencia mundana.

843. Om bhava cakra pravartinyai namaḥ
...la que hace girar la rueda de la existencia mundana.

844. Om chandaḥ sārāyai namaḥ
...la que es la esencia de los Vedas.

845. Om śāstra sārāyai namaḥ

...la que es la esencia de todas las ciencias.

846. Om mantra sārāyai namaḥ

...la que es la esencia de todos los mantras.

847. Om talodaryai namaḥ

...la que tiene una fina cintura.

848. Om udāra kīrtaye namaḥ

...la que posee una gran fama.

849. Om uddāma vaibhavāyai namaḥ

...aquella cuyo poder es ilimitado.

850. Om varṇa rūpiṇyai namaḥ

...la que tiene la forma de las letras del alfabeto.

851. Om janma mṛtyu jarā tapta jana viśrānti dāyinyai namaḥ

...la que concede el descanso a los afligidos por el nacimiento, la muerte y la vejez.

852. Om sarvopaniṣad udghuṣṭāyai namaḥ
...aquella que es proclamada en todas las upanishads.

853. Om śāntyatīta kalātmikāyai namaḥ
...la que trasciende el estado de paz.

854. Om gambhīrāyai namaḥ
...la que es insondable.

855. Om gaganānta sthāyai namaḥ
...la que reside en el éter.

856. Om garvitāyai namaḥ
...la que es orgullosa.

857. Om gāna lolupāyai namaḥ
....la que se deleita con las canciones.

858. Om kalpanā rahitāyai namaḥ
...la que carece de forma.

859. Om kāṣṭhāyai namaḥ
...la que es la Meta Suprema.

860. Om akāntāyai namaḥ
...la que es el final del sufrimiento.

861. Om kāntārdha vigrahāyai namaḥ
...la que es la mitad del cuerpo de su esposo (Shiva).

862. Om kārya kāraṇa nirmuktāyai namaḥ
...la que está libre de la cadena de la causa y el efecto.

863. Om kāma keli taraṅgitāyai namaḥ
...la que se mueve como una ola en el juego del amor.

864. Om kanat kanaka tāṭaṅkāyai namaḥ
...la que lleva relucientes pendientes de oro.

865. Om līlā vigraha dhāriṇyai namaḥ
...la que, jugando, adopta diferentes formas.

866. Om ajāyai namaḥ

...la que no tiene nacimiento.

867. Om kṣaya vinirmuktāyai namaḥ

...la que no decae.

868. Om mugdhāyai namaḥ

...la que es hermosa.

869. Om kṣipra prasādinyai namaḥ

...aquella a la que se complace rápidamente.

870. Om antar mukha samārādhyāyai namaḥ

...aquella a la que hay que adorar internamente.

871. Om bahir mukha sudurlabhāyai namaḥ

...la que es muy difícil de encontrar buscándola en el exterior.

872. Om trayyai namaḥ

...la que es los tres Vedas.

873. Om trivarga nilayāyai namaḥ

...la que es la morada de los tres fines mundanos.

874. Om tristhāyai namaḥ

...la que vive en (todas) las tríadas.

875. Om tripura mālinyai namaḥ

...la que lleva la guirnalda de las tres ciudades.

876. Om nir āmayāyai namaḥ

...la que carece de enfermedades.

877. Om nir ālambāyai namaḥ

...la que no tiene soporte.

878. Om svātmārāmāyai namaḥ

...la que se regocija en su propio Ser.

879. Om sudhāsṛtyai namaḥ

...la que es la fuente del néctar.

880. Om saṃsāra paṅka nirmagna samuddharaṇa paṇḍitāyai namaḥ

...la que es experta en rescatar a los que están hundidos en el lodazal de la existencia mundana.

881. Om yajña priyāyai namaḥ

...aquella a la que le gustan los sacrificios.

882. Om yajña kartryai namaḥ

...la que realiza sacrificios.

883. Om yajamāna svarūpiṇyai namaḥ

...la que tiene la naturaleza del que encarga el sacrificio.

884. Om dharmādhārāyai namaḥ

...la que es el soporte del deber.

885. Om dhanādhyakṣāyai namaḥ

...la que supervisa la riqueza.

886. Om dhana dhānya vivardhinyai namaḥ

...la que incrementa la riqueza.

887. Om vipra priyāyai namaḥ

...la que quiere a los sabios.

888. Om vipra rūpāyai namaḥ

...la que adopta la forma de los sabios.

889. Om viśva bhramaṇa kāriṇyai namaḥ

...la que hace girar el universo.

890. Om viśva grāsāyai namaḥ

...la que se traga el universo.

891. Om vidrum ābhāyai namaḥ

...la que brilla como el coral.

892. Om vaiṣṇavyai namaḥ

...la consorte de Vishnu.

893. Om viṣṇu rūpiṇyai namaḥ

...la que adopta la forma de Vishnu.

894. Om ayonyai namaḥ

...la que no tiene origen.

895. Om yoni nilayāyai namaḥ

...la que es la morada de todos los orígenes.

896. Om kūṭasthāyai namaḥ

...la que es inmutable.

897. Om kula rūpiṇyai namaḥ

...la que es adorada por la tradición Kaula.

898. Om vīra goṣṭhī priyāyai namaḥ

...aquella a la que le gustan las reuniones de héroes.

899. Om vīrāyai namaḥ

...la que es heroica.

900. Om naiṣkarmyāyai namaḥ

...la que no realiza acciones.

901. Om nāda rūpiṇyai namaḥ

...la que tiene la forma del sonido.

902. Om vijñāna kalanāyai namaḥ

...la que posee la sabiduría.

903. Om kalyāyai namaḥ

...la que está fuerte y sana.

904. Om vidagdhāyai namaḥ

...la que es hábil y lista.

905. Om baindav āsanāyai namaḥ

...la que se sienta en el chakra del entrecejo.

906. Om tattvādhikāyai namaḥ

...la que trasciende los principios de la realidad.

907. Om tattva mayyai namaḥ

...la que está hecha de los principios de la realidad.

908. Om tat tvam artha svarūpiṇyai namaḥ

...la que es el significado de “Eso” y “tú” (en la frase “tú eres Eso”).

909. Om sāma gāna priyāyai namaḥ

...aquella a la que le gustan las canciones del Sama Veda.

910. Om somyāyai namaḥ

...la que es dulce y suave.

911. Om sadāśiva kuṭumbinyai namaḥ

...la esposa de Sadashiva (“el Shiva Eterno”).

912. Om savyā pasavya mārgasthāyai namaḥ

...la que está en los caminos de la izquierda y de la derecha.

913. Om sarvāpad vinivāriṇyai namaḥ

...la que elimina todas las desgracias.

914. Om svasthāyai namaḥ

...la que mora en sí misma.

915. Om svabhāva madhurāyai namaḥ

...la que es dulce por naturaleza.

916. Om dhīrāyai namaḥ

...la que es sabia.

917. Om dhīra samarcitāyai namaḥ

...la que es adorada por los sabios.

918. Om caitanyārghya samārādhyāyai namaḥ

...la que es adorada con la ofrenda de la Conciencia.

919. Om caitanya kusuma priyāyai namaḥ

...aquella a la que le gusta la flor de la Conciencia.

920. Om sadoditāyai namaḥ

...la que siempre brilla.

921. Om sadā tuṣṭāyai namaḥ

...la que siempre está satisfecha.

922. Om taruṇāditya pāṭalāyai namaḥ

...la que es rosada como el sol al amanecer.

923. Om dakṣiṇ ādakṣiṇ ārādhyāyai namaḥ

...la que es adorada por los diestros y por los torpes.

924. Om dara smera mukhāmbujāyai namaḥ

...aquella cuya cara de loto tiene una dulce sonrisa.

925. Om kaulinī kevalāyai namaḥ

...la que es el conocimiento puro para los que siguen el camino Kaula.

926. Om anarghya kaivalya pada dāyinyai namaḥ

...la que concede el inestimable estado de la emancipación.

927. Om stotra priyāyai namaḥ

...aquella a la que le gustan los himnos de alabanza.

928. Om stuti matyai namaḥ

...la que posee los himnos de alabanza.

929. Om śruti saṃstuta vaibhavāyai namaḥ

...aquella cuya gloria cantan los Vedas.

930. Om manasvinyai namaḥ

...la que es inteligente

931. Om mānavatyai namaḥ

...la que es honorable.

932. Om maheśyai namaḥ

...la Gran Señora (consorte de Mahesha, “el Gran Señor”, Shiva).

933. Om maṅgalā kṛtaye namaḥ

...la que tiene una forma propicia.

934. Om viśva mātre namaḥ

...la Madre del universo.

935. Om jagad dhātryai namaḥ

...la que crea y sostiene el universo.

936. Om viśālākṣyai namaḥ

...la que tiene grandes ojos.

937. Om virāgiṇyai namaḥ

...la que está desapegada.

938. Om pragalbhāyai namaḥ

...la que es audaz.

939. Om para modārāyai namaḥ

...la más generosa.

940. Om parā modāyai namaḥ

...la que tiene el gozo supremo.

941. Om manomayyai namaḥ

...la que es la mente.

942. Om vyoma keśyai namaḥ

...la que tiene el cielo por cabello.

943. Om vimānasthāyai namaḥ

...la que se sienta en su vehículo celestial.

944. Om vajriṇyai namaḥ

...la que lleva el rayo (la esposa de Indra).

945. Om vāmakeśvaryai namaḥ

...la señora de los (devotos del camino) de la izquierda.

946. Om pañca yajña priyāyai namaḥ

...aquella a la que le gustan los cinco sacrificios (a los dioses, a Brahman, a los antepasados, a los seres humanos y a los otros seres).

947. Om pañca preta mañcādhi śāyinyai namaḥ

...la que se recuesta sobre un trono hecho con cinco cadáveres.

948. Om pañcamyai namaḥ

...la que es la quinta.

949. Om pañca bhūteśyai namaḥ
...la que gobierna los cinco elementos.

950. Om pañca saṅkhyo pacāriṇyai namaḥ
...aquella a la que se adora con cinco objetos de culto.

951. Om śāśvatyai namaḥ
...la que es eterna.

952. Om śāśvad aiśvaryāyai namaḥ
...la que tiene la soberanía eterna.

953. Om śarmadāyai namaḥ
...la que da la felicidad.

954. Om śambhu mohinyai namaḥ
...la que le encanta a Shambhu (el que da la felicidad, Shiva).

955. Om dharāyai namaḥ
...la que es la Tierra.

956. Om dhara sutāyai namaḥ
...la hija del Himalaya.

957. Om dhanyāyai namaḥ
...la que posee inmensas riquezas.

958. Om dharmiṇyai namaḥ
...la que es virtuosa.

959. Om dharma vardhinyai namaḥ
...la que fomenta la rectitud.

960. Om lokātītāyai namaḥ
...la que trasciende los mundos.

961. Om guṇātītāyai namaḥ
...la que trasciende las cualidades de la materia (gunas).

962. Om sarvātītāyai namaḥ
...la que lo trasciende todo.

963. Om śamātmikāyai namaḥ
...la que tiene la naturaleza de la paz y la felicidad.

964. Om bandhūka kusuma prakhyāyai namaḥ
...la que es brillante como la flor bandhuka.

965. Om bālāyai namaḥ
...la que es una niña.

966. Om līlā vinodinyai namaḥ
...la que se divierte jugando.

967. Om sumaṅgalyai namaḥ
...la que es muy propicia.

968. Om sukha karyai namaḥ
...la que da la Felicidad.

969. Om suveṣāḍhyāyai namaḥ
...la que posee ricas vestiduras.

970. Om suvāsinyai namaḥ

...la que está casada.

971. Om suvāsiny arcana prītāyai namaḥ

...aquella a la que le complace el culto que realizan las mujeres casadas.

972. Om āśobhanāyai namaḥ

...la que siempre está radiante.

973. Om śuddha mānasāyai namaḥ

...la de mente pura.

974. Om bindu tarpaṇa santuṣṭāyai namaḥ

...aquella a la que le satisfacen las ofrendas realizadas al "punto" del que nace el universo.

975. Om pūrva jāyai namaḥ

...la primera en nacer.

976. Om tripur āmbikāyai namaḥ

...la madre de las tres ciudades.

977. Om daśa mudrā samārādhyāyai namaḥ

...aquella a la que se adora con diez mudras (posiciones simbólicas de las manos).

978. Om tripurāśrī vaśaṅkaryai namaḥ

...la que tiene bajo control a la diosa Tripurasri.

979. Om jñāna mudrāyai namaḥ

...la que es la mudra de la sabiduría.

980. Om jñāna gamyāyai namaḥ

...aquella a la que se llega mediante la sabiduría.

981. Om jñāna jñeya svarūpiṇyai namaḥ

...la que tiene la naturaleza del conocimiento y de lo conocido.

982. Om yoni mudrāyai namaḥ

...la que es la mudra del útero.

983. Om trikhaṇḍeśyai namaḥ

...la que gobierna la mudra Trikhanda.

984. Om triguṇāyai namaḥ
...la que tiene las tres cualidades de la materia.

985. Om ambāyai namaḥ
...la Madre.

986. Om trikoṇagāyai namaḥ
...la que vive en el triángulo (que hay en el centro del Sri Yantra).

987. Om anaghāyai namaḥ
...la que no tiene pecados.

988. Om adbhuta cāritrāyai namaḥ
...aquella cuyas acciones son maravillosas.

989. Om vāñchitārtha pradāyinyai namaḥ
...la que concede los objetos que se desean.

990. Om abhyāsa atiśaya jñātāyai namaḥ
...la que sólo puede ser conocida por medio de una intensa disciplina espiritual.

991. Om ṣaḍ adhvātīta rūpiṇyai namaḥ
...aquella cuya forma trasciende los seis caminos.

992. Om avyāja karuṇā mūrtaye namaḥ
...la que es pura compasión.

993. Om ajñāna dhvānta dīpikāyai namaḥ
...la que es la luz que disipa la oscuridad de la ignorancia.

994. Om ābāla gopa viditāyai namaḥ
...la que es conocida hasta por los niños y los pastores.

995. Om sarva anullaṅghya śāsanāyai namaḥ
...aquella cuyas órdenes nadie desobedece.

996. Om śrīcakra rāja nilayāyai namaḥ
...la que vive en el Srichakra, el rey de los yantras.

997. Om śrīmat tripura sundaryai namaḥ
...la gloriosa Tripurasundari ("la Bella de las Tres Ciudades").

998. Om śrī śivāyai namaḥ

...la gloriosa Shiva ("la Benévola").

999. Om śiva śaktyaikya rūpiṇyai namaḥ

...la que tiene la forma de la unidad de Shiva y Shakti.

1000. Om lalita ambikāyai namaḥ

...la Madre Lalita ("la Encantadora").

Mantrahīnam kriyāhīnam
bhaktihīnam maheśvari
yadpūjitam mayā devī
paripūrṇam tadastute

Oh, Madre, en esta adoración que Te acabo de ofrecer he podido cometer muchos errores y omisiones. Tal vez haya olvidado recitar algunos mantras o realizar algunos rituales. Quizá la haya hecho sin la adecuada atención o devoción. Por favor, perdona mis omisiones y haz que, por tu Gracia, mi adoración sea plena y completa.

Śrī Mahiṣāsuramardinī Stotram

1. Ayi giri nandini nandita medini viśva vinodini nandanute
girivara vindhya śiro'dhi nivāsini viṣṇu vilāsini jiṣṇunute |
bhagavati he śitikaṇṭha kuṭumbini bhūri kuṭumbini bhūrikṛte
jaya jaya he mahiṣāsura mardini ramya kapardini śailasute ||

¡Alabada seas, oh Madre! Tú eres la delicia suprema para tu padre (el Himalaya), pues has creado el universo entero como si se tratara de un juego. Tú eres la felicidad de todos los seres de la creación. Tus alabanzas son cantadas incluso por Nandi (el vehículo de Shiva), Tú que resides en las altas cimas de la gran cordillera Vindhya. Vishnu obtiene su poder creativo sólo de Ti. Hasta el gran dios Indra sólo Te reza a Ti. Para Ti, el mundo entero es una familia.

Estribillo: ¡Victoria, victoria a la que mató al demonio Mahisha, la amada de Shiva, la hija de la montaña!

**2. Suravara varṣiṇi durdhara dharṣiṇi durmukha marṣiṇi harṣarate tribhuvana poṣiṇi śaṅkara toṣiṇi kalmaṣa moṣiṇi ghoṣarate |
danujani roṣiṇi ditisuta roṣiṇi durmada śoṣiṇi sindhusute
jaya jaya he mahiṣāsura mardini ramya kapardini śailasute ||**

¡Que la victoria sea tuya, oh Madre! Tú concedes dones a todos los dioses. Sometiste al gigante Durdhara y el malvado Durmukha. Instalada en la dicha imperecedera y deleitando a los demás, sostienes los tres mundos. Tú eres la dicha del gran dios Shiva. Los gritos de guerra de los demonios te enfurecieron, y los aniquilaste. No toleras a los malintencionados. Fuiste el vehículo de la muerte para el orgulloso Durmada. Eres la hija del mar.

**3. Ayi jagadamba madamba kadamba vana priya vāsini hāsarate
śikhari śiromaṇi tuṅga himālaya śṛṅgani jālaya madhyagate |
madhu madhure madhu kaiṭabha gañjini kaiṭabha bhañjini rāsarate
jaya jaya he mahiṣāsura mardini ramya kapardini śailasute ||**

¡Que la victoria sea tuya, oh Madre! Tú eres mi Madre y la Madre universal de toda la creación. El bosque de árboles kadamba es tu sagrada morada. También habitas en las majestuosas cumbres del Himalaya. Una agradable sonrisa, más dulce que la miel, adorna tu bello rostro. Los demonios Madhu y Kaitabha fueron destruidos por Ti. Tú limpias a tus devotos de impurezas y Te regocijas en la divina danza rasa.

4. Ayi śata khaṇḍa vikhaṇḍita ruṇḍa vituṇḍita śuṇḍa gajādhipate
ripu gaja gaṇḍa vidāraṇa caṇḍa parā krama śauṇḍa mṛgādhipate |
nija bhuja daṇḍa nipātita caṇḍa vipātita muṇḍa bhaṭādhipate
jaya jaya he mahiṣāsura mardini ramya kapardini śailasute ||

¡Gloria a ti, oh Madre! Con el arma denominada Shatakhanda decapitaste a tus enemigos demoníacos y los cortaste en cientos de trozos. Tu vehículo, el león, destruyó a los inmensos elefantes de tus enemigos, mientras Tú aniquilabas los ejércitos de los demonios con mortíferos golpes de tus poderosas manos.

5. Ayi raṇa durmada śatru vadhodita durdhara nirjara śakti bhṛte
catura vicāra dhurīṇa mahāśiva dūta kṛta pramathā dhipate |
durita durīha durāśaya durmati dānava dūta kṛtānta mate
jaya jaya he mahiṣāsura mardini ramya kapardini śailasute ||

Al aniquilar las hordas de los demonios, redujiste la pesada carga que había soportado la Madre Tierra. Elegiste al introvertido yogi, Shiva, como tu mensajero para buscar la paz; pero, al final, destruiste las insidiosas intenciones de los demonios.

6. Ayi śaraṇāgata vairi vadhūvara vīravar ābhaya dāyakare
tribhuvana mastaka śūla virodhi śiro'dhi kṛtāmala śūla kare |
dumi dumi tāmara dundubhi nādam aho mukharī kṛta diṅgnikare
jaya jaya he mahiṣāsura mardini ramya kapardini śailasute ||

¡Oh, Madre! Concediste dones a las viudas de los demonios que buscaron refugio en Ti; sin embargo, fuiste implacable con los otros demonios que seguían amenazando la creación, utilizando el tridente para decapitarlos. Esta acción fue alabada por los dioses, que tocaron sus tambores y, así, llenaron toda la creación con el rítmico sonido de sus instrumentos.

7. Ayi nija huṃkṛti mātra nirākṛta dhūmra vilocana dhūmraśate
samara viśoṣita śoṇita bīja samud bhava śoṇita bīja late |
śiva śiva śumbha niśumbha mahāhava tarpita bhūta piśācapate
jaya jaya he mahiṣāsura mardini ramya kapardini śailasute ||

¡Oh, Madre! Como por un milagro, la sílaba "Hum" que pronunciaste con fuerza redujo a cenizas a Dhumralochana y a sus malévolos aliados. Destruiste a Raktabija y a sus cómplices, y luchaste y mataste valientemente a Shumbha y Nishumbha. Esa acción complació a Shiva, el Señor de los fantasmas y los espectros.

8. Dhanu ranu ṣaṅga raṇakṣaṇa saṅga parisphura daṅga naṭatkaṭake
kanaka piśaṅga pṛṣatka niṣaṅga rasad bhaṭa śṛṅga hatā baṭuke |
kṛta caturaṅga balakṣiti raṅga ghaṭad bahuraṅga raṭad baṭuke
jaya jaya he mahiṣāsura mardini ramya kapardini śailasute ||

¡Oh, Madre! Mientras manejabas las armas en la batalla, las ajorcas de tus muñecas tintineaban rítmicamente. Las campanillas que llevabas en la cintura brillaban y cegaban a tus enemigos. Grandes aves de rapiña se cernían sobre los cadáveres de tus enemigos, esparcidos por el campo de batalla.

9. Sura lalanā tatatho tatatho tatatho bhinayottara nṛtya rate
kṛta kukutho kukutho gaḍadādika tāla kutūhala gāna rate |
dhudhukuṭa dhukuṭa dhimdhimita dhvani dhīra mṛdaṅga nināda rate
jaya jaya he mahiṣāsura mardini ramya kapardini śailasute ||

¡Oh, Madre, fuente del sonido! Te regocijas con los movimientos de los bailarines celestiales que danzan al ritmo de los sonidos "tatatho tatatho tatatho", "kukutha kukutha kukutha", "ga da da", etc. Sus golpes de tambor crean los sonidos "dhu dhukuta dhim".

10. Jaya jaya japya jaye jaya śabda para stuti tatpara viśva nute
jhaṇa jhaṇa jhiṃ jhimi jhiṃkṛta nūpura śiñjita mohita bhūtapate |
naṭita naṭārdha naṭī naṭa nāyaka nāṭita nāṭya sugānarate
jaya jaya he mahiṣāsura mardini ramya kapardini śailasute ||

¡Oh, Madre! Todos los devotos te cantan "¡Victoria! ¡Victoria!" Bailas con Shiva durante su danza tandava y a Él le complace el tintineo de tus tobilleras.

11. Ayi sumanaḥ sumanaḥ sumanaḥ sumanaḥ sumanohara kāntiyute
śritarajanī rajanī rajanī rajanī rajanī kara vaktrayute |
sunayana vibhramara bhramara bhramara bhramara

bhramarādhipate
jaya jaya he mahiṣāsura mardini ramya kapardini śailasute ||

¡Oh, Madre! Los dioses te adoran mentalmente con flores, y tu cautivadora belleza adopta la forma de las flores que ellos visualizan. Tu rostro parece un loto que flota en un lago iluminado por la luna. Los rizos de tu cabello se agitan como abejas y realzan la belleza de tus ojos.

12. Mahita mahāhava malla matallika vallita rallaka bhallirate
viracita vallika pallika mallika jhillika bhillika vargavṛte |
sitakṛta phulla samulla sitāruṇa tallaja pallava sallalite
jaya jaya he mahiṣāsura mardini ramya kapardini śailasute ||

¡Oh, Madre! Cuando los guerreros arrojan sus armas en un campo de batalla, Tú velas por ellos. Tú eres el refugio de los montañeses y de las tribus que viven en cobertizos de hiedra. Brillas aún más cuando los doce Adityas te presentan sus respetos.

13. Avirala gaṇḍa galanmada medura matta mataṅgaja rājapate
tribhuvana bhūṣaṇa bhūta kalānidhi rūpa payonidhi rājasute |
ayi sudatī jana lālasa mānasa mohana manmatha rājasute
jaya jaya he mahiṣāsura mardini ramya kapardini śailasute ||

¡Oh, Madre! Tu andar majestuoso es como el del rey de los elefantes de cuyas sienes fluye abundante líquido. Saliste del mar como Mahalakshmi junto con la luna que adorna los tres mundos. Manmatha (el dios del amor), que enamora a las jóvenes doncellas, siente ante Ti temor reverencial porque es incapaz de esclavizarte por medio del deseo.

14. Kamala dalāmala komala kānti kalā kalitāmala bhālatale
sakala vilāsa kalā nilaya krama keli calat kala haṃsakule |
alikula saṅkula kuvalaya maṇḍala maulimilad bakulā likule
jaya jaya he mahiṣāsura mardini ramya kapardini śailasute ||

¡Oh, Madre! Tu bella frente, que es amplia y sin igual, supera en esplendor a los pétalos de loto. Tus elegantes movimientos son como los del cisne. Las flores bakula que adornan tu suelta cabellera atraen enjambres de abejas.

15. Kara muralī rava vījita kūjita lajjita kokila mañjumate
milita pulinda manohara guñjita rañjita śaila nikuñja gate |
nijaguṇa bhūta mahāśabarī gaṇa sad guṇa sambhṛta kelirate
jaya jaya he mahiṣāsura mardini ramya kapardini śailasute ||

¡Oh, Madre! Las melodiosas notas que salen de tu flauta hacen que el cuco deje de cantar. En el jardín Kalisha, te levantas para observar a las cazadoras, tus devotas seguidoras, y las abejas emiten un dulce zumbido.

16. Kaṭitaṭa pīta dukūla vicitra mayūkha tiraskṛta candraruce
praṇata surāsura mauli maṇisphura daṃśu lasannakha candraruce |
jita kanakācala mauli madorjita nirbhara kuñjara kumbhakuce
jaya jaya he mahiṣāsura mardini ramya kapardini śailasute ||

¡Oh, Madre! Las prendas que llevas en tu delgado talle superan el esplendor de la luna. Los clavos de tus zapatos brillan radiantemente y su resplandor queda realzado por las coronas de los dioses y los demonios que se postran reverentemente ante Ti. Tus pechos son como las cumbres del Himalaya cubiertas de cascadas.

17. Vijita sahasra karaika sahasra karaika sahasra karaika nute
kṛta suratāraka saṅgara tāraka saṅgara tāraka sūnu sute |
suratha samādhi samāna samādhi samādhi samādhi sujāta rate
jaya jaya he mahiṣāsura mardini ramya kapardini śailasute ||

¡Oh, Madre! El brillo del sol palidece y se rinde ante Ti derramando miles de rayos ante tus pies divinos. El hijo del demonio Taraka te alaba profusamente después de la guerra. Te deleitas manifestándote en el mantra recitado con devoción por devotos como Suratha y Samadhi.

18. Pada kamalaṃ karuṇā nilaye vari vasyati yo'nudinaṃ suśive
ayi kamale kamalā nilaye kamalā nilayaḥ sa kathaṃ na bhavet |

tava padameva paraṃ padamitya nuśīlayato mama kiṃ na śive
jaya jaya he mahiṣāsura mardini ramya kapardini śailasute ||

¡Oh, Madre! ¡Parvati! El culto que se Te ofrece nos da prosperidad, pues también eres la misma diosa Mahalakshmi (diosa de la riqueza). Adorar tus sagrados pies y meditar en ellos nos llevará al estado final de liberación.

19. Kanakalasat kala sindhujalai ranuṣiñcati te guṇa raṅga bhuvaṃ
bhajati sa kiṃ na śacīkuca kumbha taṭī parirambha sukhānu bhavam |
tava caraṇaṃ śaraṇaṃ karavāṇi mṛḍāni sadāmayi dehi śivaṃ
jaya jaya he mahiṣāsura mardini ramya kapardini śailasute ||

¡Oh, Madre! Hasta un simple barrendero de tu patio hereda todos los placeres celestiales. Te ruego que aceptes mi humilde servicio y me concedas cualquier cosa que consideres buena para mí.

20. Tava vimalendu kulaṃ vadanendu malaṃ sakalaṃ nanu kūlayate
kimu puruhūta purīndu mukhī sumukhī bhirasau vimukhī kriyate |
mama tu mataṃ śiva nāmadhane bhavatī kṛpayā kimuta kriyate
jaya jaya he mahiṣāsura mardini ramya kapardini śailasute ||

¡Oh, Madre! Ninguna de las bellezas celestiales puede siquiera tentar al que medita en tu bello rostro. ¡Oh, Madre del corazón de Shiva, haz que mi vida se realize plenamente!

21. Ayi mayi dīnadayālutayā kṛpayaiva tvayā bhavitavyam ume
ayi jagato jananī kṛpayāsi yathāsi tathā numitāsi rate |
yaducita matra bhavatyurarī kurutāduru tāpamapā kuru me
jaya jaya he mahiṣāsura mardini ramya kapardini śailasute ||

¡Oh, Madre! ¡Uma! ¿No eres célebre por tu compasión? ¡Apiádate de mí, Madre mía! ¡Concédeme, por favor, la eliminación de todas mis penas!

Śrī Lalitā Sahasranāma Stotram

Los mil nombres de Śrī Lalitā en forma de himno de alabanza

Dhyānam - Meditación

Sindūrāruṇa vigrahām tri nayanām māṇikya mauli sphurat
tārānāyaka śekharām smita mukhīm āpīna vakṣoruhām
pāṇibhyām alipūrṇa ratna caṣakam raktotpalam bibhratīm
saumyām ratna ghaṭastha rakta caraṇām dhyāyet parām ambikām

¡Oh, Madre *Ambika*, medito en tu resplandeciente forma roja con tres ojos, en la que llevas una brillante corona de piedras preciosas y la luna creciente, muestras una dulce sonrisa, tus grandes pechos rebosan de amor maternal, sostienes en ambas manos vasijas tachonadas de joyas y adornadas con flores de loto rojas rodeadas de abejas y tus rojos pies de loto reposan sobre una jarra de oro llena de joyas!

Dhyāyet padmāsanasthām vikasita vadanām padma patrāyatākṣīm
hemābhām pītavastrām kara kalita lasad hema padmām varāṅgīm
sarvālaṅkāra yuktām satatam abhayadām bhaktanamrām bhavānīm
śrī vidyām śānta mūrtim sakala sura nutāmsarva sampat pradātrīm

¡Oh, Madre, déjame meditar en tu bella forma de color dorado, con un rostro radiante y grandes ojos de loto, sentada en una flor de loto, llevando una vestidura amarilla, resplandeciente, con todos los adornos, un loto dorado en la mano, siendo adorada por los devotos que se postran ante Ti, dándoles refugio siempre! ¡Déjame meditar en Ti, *Sri Vidya*, encarnación de la paz, objeto de adoración para todos los dioses, que concedes todas las riquezas!

Sakuṅkuma vilepanām alika cumbi kastūrikām
samanda hasitekṣaṇām saśara cāpa pāśāṅkuśām
aśeṣa jana mohinīm aruṇa mālya bhūṣojvalām
japā kusuma bhāsurām japavidhau smaredambikām

¡Oh, Madre del Universo, al sentarme a hacer *japa* permíteme recordar tu forma tan bella como la flor del hibisco, con una guirnalda roja y adornos centelleantes, untada con azafrán rojo, con una marca de brillante almizcle en la frente cuya fragancia atrae las abejas, sosteniendo en las manos el arco y la flecha, el lazo y la pica, y exhibiendo una dulce sonrisa!

Aruṇām karuṇā taraṅgitākṣīm
dhṛta pāśāṅkuśa puṣpa bāṇa cāpām
aṇimādibhir āvṛtām mayūkhai
raham ityeva vibhāvaye maheśīm

¡Oh, Gran Diosa, déjame imaginar que soy uno con tu gloriosa forma roja, rodeada por los rayos dorados de los ocho poderes paranormales, sosteniendo el lazo y la pica, el arco y las flechas de flores, con ojos en los que se elevan olas de compasión!

Stotram

Himno de alabanza

1. **Śrī mātā śrī mahā rājñī śrīmat siṃhāsaneśvarī**
   cid agni kuṇḍa sambhūtā deva kārya samudyatā

2. **Udyad bhānu sahasrābhā catur bāhu samanvitā**
   rāga svarūpa pāśāḍhyā krodhā kārāṅkuś ojjvalā

3. **Mano rūpekṣu kodaṇḍā pañca tanmātra sāyakā**
   nijāruṇa prabhāpūra majjad brahmāṇḍa maṇḍalā

4. Campakāśoka punnāga saugandhika lasat kacā
kuruvinda maṇi śreṇī kanat koṭīra maṇḍitā

5. Aṣṭamī candra vibhrāja dalika sthala śobhitā
mukha candra kalaṅkābha mṛganābhi viśeṣakā

6. Vadana smara māṅgalya gṛha toraṇa cillikā
vaktra lakṣmī parīvāha calan mīnābha locanā

7. Nava campaka puṣpābha nāsā daṇḍa virājitā
tārā kānti tiraskāri nāsābharaṇa bhāsurā

8. Kadamba mañjarī kḷpta karṇa pūra manoharā
tāṭaṅka yugalī bhūta tapanoḍupa maṇḍalā

9. Padma rāga śilādarśa paribhāvi kapola bhūḥ
nava vidruma bimba śrī nyakkāri radana cchadā

10. Śuddha vidyāṅkurā kāra dvija paṅkti dvayojjvalā
karpūra vīṭikāmoda samākarṣad digantarā

11. Nija sallāpa mādhurya vinirbhartsita kacchapī
manda smita prabhā pūra majjat kāmeśa mānasā

12. Anākalita sādṛśya cibuka śrī virājitā
kāmeśa baddha māṅgalya sūtra śobhita kandharā

13. Kanakāṅgada keyūra kamanīya bhujānvitā
ratna graiveya cintāka lola muktā phalānvitā

14. Kāmeśvara prema ratna maṇi pratipaṇa stanī
nābhyāla vāla romāli latā phala kuca dvayī

15. Lakṣya roma latā dhāratā samunneya madhyamā
stana bhāra dalan madhya paṭṭa bandha vali trayā

16. Aruṇāruṇa kausumbha vastra bhāsvat kaṭī taṭī
ratna kiṅkiṇikā ramya raśanā dāma bhūṣitā

17. Kāmeśa jñāta saubhāgya mārdavoru dvayānvitā
māṇikya mukuṭākāra jānu dvaya virājitā

18. Indra gopa parikṣipta smara tūṇābha jaṅghikā
gūḍha gulphā kūrma pṛṣṭha jayiṣṇu prapadānvitā

19. Nakha dīdhiti saṃchanna namajjana tamoguṇā
pada dvaya prabhā jāla parākṛta saroruhā

20. Śiñjāna maṇi mañjīra maṇḍita śrī padāmbujā
marālī manda gamanā mahā lāvaṇya śevadhiḥ

21. Sarvāruṇa anavadyāṅgī sarvābharaṇa bhūṣitā
śiva kāmeśvar āṅkasthā śivā svādhīna vallabhā

22. Sumeru madhya śṛṅgasthā śrīman nagara nāyikā
cintāmaṇi gṛhāntasthā pañca brahmāsana sthitā

23. Mahā padmāṭavī saṃsthā kadamba vana vāsinī
sudhā sāgara madhyasthā kāmākṣī kāma dāyinī

24. Devarṣi gaṇa saṃghāta stūyamānātma vaibhavā
bhaṇḍāsura vadhodyukta śakti senā samanvitā

25. Sampatkarī samārūḍha sindhura vraja sevitā
aśvārūḍha adhiṣṭhitāśva koṭi koṭibhir āvṛtā

26. Cakra rāja rathārūḍha sarvāyudha pariṣkṛtā
geya cakra rathārūḍha mantriṇī parisevitā

27. Kiricakra rathārūḍha daṇḍanāthā puras kṛtā
jvālā mālinikā kṣipta vahni prākāra madhyagā

28. Bhaṇḍa sainya vadhodyukta śakti vikrama harṣitā
nityā parākramāṭopa nirīkṣaṇa samutsukā

29. Bhaṇḍa putra vadhodyukta bālā vikrama nanditā
mantriṇyambā viracita viṣaṅga vadha toṣitā

30. Viśukra prāṇa haraṇa vārāhī vīrya nanditā
kāmeśvara mukhāloka kalpita śrī gaṇeśvarā

31. Mahā gaṇeśa nirbhinna vighna yantra praharṣitā
bhaṇḍāsurendra nirmukta śastra pratyastra varṣiṇī

32. Karāṅguli nakhotpanna nārāyaṇa daśākṛtiḥ
mahā pāśupatāstra agni nirdagdhāsura sainikā

33. Kāmeśvarāstra nirdagdha sabhaṇḍāsura śūnyakā
brahmopendra mahendrādi deva saṃstuta vaibhavā

34. Hara netrāgni saṃdagdha kāma saṃjīvan auṣadhiḥ
śrīmad vāgbhava kūṭaika svarūpa mukha paṅkajā

35. Kaṇṭhādhaḥ kaṭi paryanta madhya kūṭa svarūpiṇī
śakti kūṭaikatā panna kaṭy adhobhāga dhāriṇī

36. Mūla mantrātmikā mūla kūṭa traya kalebarā
kulāmṛtaika rasikā kula saṃketa pālinī

37. Kulāṅganā kulāntasthā kaulinī kula yoginī
akulā samayāntasthā samayācāra tatparā

38. Mūlādhāraika nilayā brahma granthi vibhedinī
maṇipūrāntar uditā viṣṇu granthi vibhedinī

39. Ājñā cakra antarālasthā rudra granthi vibhedinī
sahasrāra ambujārūḍhā sudhā sārābhi varṣiṇī

40. Taḍil latā sama ruciḥ ṣaṭ cakropari saṃsthitā
mahā saktiḥ kuṇḍalinī bisa tantu tanīyasī

41. Bhavānī bhāvanāgamyā bhavāraṇya kuṭhārikā
bhadra priyā bhadra mūrtir bhakta saubhāgya dāyinī

42. Bhakti priyā bhakti gamyā bhakti vaśyā bhayāpahā
śāmbhavī śāradārādhyā śarvāṇī śarma dāyinī

43. Śāṃkarī śrīkarī sādhvī śarac candra nibhānanā
śātodarī śāntimatī nirādhārā nirañjanā

44. Nirlepā nirmalā nityā nirākārā nirākulā
nirguṇā niṣkalā śāntā niṣkāmā nirupaplavā

45. Nitya muktā nirvikārā niṣprapañcā nirāśrayā
nitya śuddhā nitya buddhā niravadyā nirantarā

46. Niṣkāraṇā niṣkalaṅkā nirupādhir nirīśvarā
nīrāgā rāga mathanī nirmadā mada nāśinī

47. Niścintā nir ahaṃkārā nirmohā moha nāśinī
nirmamā mamatā hantrī niṣpāpā pāpa nāśinī

48. Niṣkrodhā krodha śamanī nirlobhā lobha nāśinī
niḥsaṃśayā saṃśaya ghnī nirbhavā bhava nāśinī

49. Nirvikalpā nirābādhā nirbhedā bheda nāśinī
nirnāśā mṛtyu mathanī niṣkriyā niṣparigrahā

50. Nistulā nīla cikurā nirapāyā niratyayā
durlabhā durgamā durgā duḥkha hantrī sukha pradā

51. Duṣṭadūrā durācāra śamanī doṣa varjitā
sarvajñā sāndra karuṇā samāna adhika varjitā

52. Sarva śakti mayī sarva maṅgalā sad gati pradā
sarveśvarī sarva mayī sarva mantra svarūpiṇī

53. Sarva yantrātmikā sarva tantra rūpā manonmanī
māheśvarī mahā devī mahā lakṣmī mṛḍa priyā

54. Mahā rūpā mahā pūjyā mahā pātaka nāśinī
mahā māyā mahā sattvā mahā śaktir mahā ratiḥ

55. Mahā bhogā mahaiśvaryā mahā vīryā mahā balā
mahā buddhir mahā siddhir mahā yogeśvar eśvarī

56. Mahā tantrā mahā mantrā mahā yantrā mahāsanā
mahā yāga kramārādhyā mahā bhairava pūjitā

57. Maheśvara mahākalpa mahātāṇḍava sākṣiṇī
mahā kāmeśa mahiṣī mahā tripura sundarī

**58. Catuḥ ṣaṣty upacārāḍhyā catuḥ ṣaṣṭi kalāmayī
mahā catuḥ ṣaṣṭi koṭi yoginī gaṇa sevitā**

**59. Manu vidyā candra vidyā candra maṇḍala madhyagā
cāru rūpā cāru hāsā cāru candra kalādharā**

**60. Carācara jagan nāthā cakra rāja niketanā
pārvatī padma nayanā padma rāga sama prabhā**

**61. Pañca pretāsana āsīnā pañca brahma svarūpiṇī
cinmayī paramānandā vijñāna ghana rūpiṇī**

**62. Dhyāna dhyātṛ dhyeya rūpā dharmādharma vivarjitā
viśva rūpā jāgariṇī svapantī taijasātmikā**

**63. Suptā prājñātmikā turyā sarvāvasthā vivarjitā
sṛṣṭi kartrī brahma rūpā goptrī govinda rūpiṇī**

64. Saṃhāriṇī rudra rūpā tirodhāna karīśvarī
sadā śiva anugraha dā pañca kṛtya parāyaṇā

65. Bhānu maṇḍala madhyasthā bhairavī bhaga mālinī
padmāsanā bhagavatī padma nābha sahodarī

66. Unmeṣa nimiṣotpanna vipanna bhuvanāvalī
sahasra śīrṣa vadanā sahasrākṣī sahasra pāt

67. Ābrahma kīṭa jananī varṇāśrama vidhāyinī
nijājñā rūpa nigamā puṇyāpuṇya phala pradā

68. Śruti sīmanta sindūrī kṛta pādābja dhūlikā
sakalāgama sandoha śukti sampuṭa mauktikā

69. Puruṣārtha pradā pūrṇā bhoginī bhuvaneśvarī
ambika anādi nidhanā hari brahmendra sevitā

70. Nārāyaṇī nāda rūpā nāma rūpa vivarjitā
hrīṃ kārī hrīmatī hṛdyā heyopādeya varjitā

71. Rāja rājārcitā rājñī ramyā rājīva locanā
rañjanī ramaṇī rasyā raṇat kiṅkiṇi mekhalā

72. Ramā rākendu vadanā rati rūpā rati priyā
rakṣā karī rākṣasa ghnī rāmā ramaṇa lampaṭā

73. Kāmyā kāma kalā rūpā kadamba kusuma priyā
kalyāṇī jagatī kandā karuṇā rasa sāgarā

74. Kalāvatī kalālāpā kāntā kādambarī priyā
varadā vāma nayanā vāruṇī mada vihvalā

75. Viśvādhikā vedavedyā vindhyācala nivāsinī
vidhātrī veda jananī viṣṇu māyā vilāsinī

76. Kṣetra svarūpā kṣetreśī kṣetra kṣetrajña pālinī
kṣaya vṛddhi vinirmuktā kṣetra pāla samarcitā

77. Vijayā vimalā vandyā vandāru jana vatsalā
vāg vādinī vāma keśī vahni maṇḍala vāsinī

78. Bhaktimat kalpa latikā paśu pāśa vimocinī
saṃhṛtāśeṣa pāṣaṇḍā sadācāra pravartikā

79. Tāpa trayāgni santapta samāhlādana candrikā
taruṇī tāpasārādhyā tanu madhyā tamopahā

80. Citis tat pada lakṣyārthā cid eka rasa rūpiṇī
svātmānanda lavī bhūta brahmādy ānanda santatiḥ

81. Parā pratyak citī rūpā paśyantī para devatā
madhyamā vaikharī rūpā bhakta mānasa haṃsikā

82. Kāmeśvara prāṇa nāḍī kṛtajñā kāma pūjitā
śṛṅgāra rasa sampūrṇā jayā jālandhara sthitā

83. Oḍyāṇa pīṭha nilayā bindu maṇḍala vāsinī
raho yāga kramārādhyā rahas tarpaṇa tarpitā

84. Sadyaḥ prasādinī viśva sākṣiṇī sākṣi varjitā
ṣaḍ aṅga devatā yuktā ṣāḍ guṇya paripūritā

85. Nitya klinnā nirupamā nirvāṇa sukha dāyinī
nityā ṣoḍaśikā rūpā śrīkaṇṭhārdha śarīriṇī

86. Prabhāvatī prabhā rūpā prasiddhā parameśvarī
mūla prakṛtir avyaktā vyaktāvyakta svarūpiṇī

87. Vyāpinī vividhākārā vidyāvidyā svarūpiṇī
mahā kāmeśa nayana kumudāhlāda kaumudī

88. Bhakta hārda tamo bheda bhānumad bhānu santatīḥ
śiva dūtī śivārādhyā śiva mūrtiḥ śivaṅkarī

89. Śiva priyā śiva parā śiṣṭeṣṭā śiṣṭapūjitā
aprameyā svaprakāśā mano vācām agocarā

90. Cicchaktiś cetanā rūpā jaḍa śaktir jaḍātmikā
gāyatrī vyāhṛtiḥ saṃdhyā dvija vṛnda niṣevitā

91. Tattvāsanā tattvamayī pañca kośāntara sthitā
niḥsīma mahimā nitya yauvanā mada śālinī

92. Mada ghūrṇita raktākṣī mada pāṭala gaṇḍa bhūḥ
candana drava digdhāṅgī cāmpeya kusuma priyā

93. Kuśalā komalākārā kurukullā kuleśvarī
kula kuṇḍālayā kaula mārga tatpara sevitā

94. Kumāra gaṇanāthāmbā tuṣṭiḥ puṣṭir matir dhṛtiḥ
śāntiḥ svasti matī kāntir nandinī vighna nāśinī

95. Tejovatī tri nayanā lolākṣī kāma rūpiṇī
mālinī haṃsinī mātā malayācala vāsinī

96. Sumukhī nalinī subhrūḥ śobhanā suranāyikā
kālakaṇṭhī kānti matī kṣobhiṇī sūkṣma rūpiṇī

97. Vajreśvarī vāma devī vayovasthā vivarjitā
siddheśvarī siddha vidyā siddha mātā yaśasvinī

98. Viśuddhi cakra nilayārakta varṇā tri locanā
khaṭvāngādi praharaṇā vadanaika samanvitā

99. Pāyasānna priyā tvaksthā paśu loka bhayaṅkarī
amṛtādi mahāśakti saṃvṛtā ḍākinīśvarī

100. Anāhatābja nilayā śyāmābhā vadana dvayā
daṃṣṭrojjvalā akṣa mālādi dharā rudhira saṃsthitā

101. Kāla rātryādi śaktyaugha vṛtā snigdhaudana priyā
mahā vīrendra varadā rākiṇyambā svarūpiṇī

102. Maṇipūrābja nilayā vadana traya saṃyutā
vajrādika āyudhopetā ḍāmaryādibhir āvṛtā

103. Rakta varṇā māṃsa niṣṭhā guḍānna prīta mānasā
samasta bhakta sukhadā lākinyambā svarūpiṇī

104. Svādhiṣṭhāna ambuja gatā catur vaktra manoharā
śūlādyāyudha sampannā pīta varṇāti garvitā

105. Medo niṣṭhā madhu prītā bandhinyādi samanvitā
dadhyannāsakta hṛdayā kākinī rūpa dhāriṇī

106. Mūlādhāra ambujārūḍhā pañca vaktrāsthi saṃsthitā
aṅkuśādi praharaṇā varadādi niṣevitā

107. Mudgaudana āsakta cittā sākinyambā svarūpiṇī
ājñā cakrābja nilayā śukla varṇā ṣad ānanā

108. Majjā saṃsthā haṃsavatī mukhya śakti samanvitā
haridrānnaika rasikā hākinī rūpa dhāriṇī

109. Sahasra dala padmasthā sarva varṇopa śobhitā
sarvāyudha dharā śukla saṃsthitā sarvatomukhī

110. Sarvaudana prīta cittā yākinyambā svarūpiṇī
svāhā svadhā matir medhā śruti smṛtir anuttamā

111. Puṇya kīrtiḥ puṇya labhyā puṇya śravaṇa kīrtanā
puloma jārcitā bandha mocanī barbarālakā

112. Vimarśa rūpiṇī vidyā viyadādi jagat prasūḥ
sarva vyādhi praśamanī sarva mṛtyu nivāriṇī

113. Agra gaṇyā acintya rūpā kali kalmaṣa nāśinī
kātyāyanī kālahantrī kamalākṣa niṣevitā

114. Tāmbūla pūrita mukhī dāḍimī kusuma prabhā
mṛgākṣī mohinī mukhyā mṛḍānī mitra rūpiṇī

115. Nitya tṛptā bhakta nidhir niyantrī nikhileśvarī
maitryādi vāsanā labhyā mahā pralaya sākṣiṇī

116. Parāśaktiḥ parāniṣṭhā prajñāna ghana rūpiṇī
mādhvī pānālasā mattā mātṛkā varṇa rūpiṇī

117. Mahākailāsa nilayā mṛṇāla mṛdu dorlatā
mahanīyā dayā mūrtir mahā sāmrājya śālinī

118. **Ātma vidyā mahā vidyā śrī vidyā kāma sevitā**
śrī ṣoḍaśākṣarī vidyā trikūṭā kāma koṭikā

119. **Kaṭākṣa kiṅkarī bhūta kamalā koṭi sevitā**
śiraḥsthitā candra nibhā bhālasthendra dhanuḥ prabhā

120. **Hṛdayasthā ravi prakhyā trikoṇāntara dīpikā**
dākṣāyaṇī daitya hantrī dakṣa yajña vināśinī

121. **Darāndolita dīrghākṣī dara hāsojjvalan mukhī**
guru mūrtir guṇa nidhir gomātā guha janma bhūḥ

122. **Deveśī daṇḍa nītisthā daharākāśa rūpiṇī**
pratipan mukhya rākānta tithi maṇḍala pūjitā

123. **Kalātmikā kalā nāthā kāvyālāpa vinodinī**
sacāmara ramā vāṇī savya dakṣiṇa sevitā

124. Ādiśaktir ameyātmā paramā pāvanākṛtiḥ
aneka koṭi brahmāṇḍa jananī divya vigrahā

125. Klīṃkārī kevalā guhyā kaivalya pada dāyinī
tripurā trijagad vandyā trimūrtis tridaśeśvarī

126. Tryakṣarī divya gandhāḍhyā sindūra tilakāñcitā
umā śailendra tanayā gaurī gandharva sevitā

127. Viśva garbhā svarṇa garbhā avaradā vāg adhīśvarī
dhyāna gamyā paricchedyā jñānadā jñāna vigrahā

128. Sarva vedānta saṃvedyā satyānanda svarūpiṇī
lopāmudrārcitā līlā kḷpta brahmāṇḍa maṇḍalā

129. Adṛśyā dṛśya rahitā vijñātrī vedya varjitā
yoginī yogadā yogyā yogānandā yugandharā

130. Icchā śakti jñāna śakti kriyā śakti svarūpiṇī
sarvādhārā supratiṣṭhā sad asad rūpa dhāriṇī

131. Aṣṭa mūrtir ajā jaitrī loka yātrā vidhāyinī
ekākinī bhūma rūpā nirdvaitā dvaita varjitā

132. Annadā vasudā vṛddhā brahmātmaikya svarūpiṇī
bṛhatī brāhmaṇī brāhmī brahmānandā bali priyā

133. Bhāṣā rūpā bṛhat senā bhāvābhāva vivarjitā
sukhārādhyā śubha karī śobhanā sulabhā gatiḥ

134. Rāja rājeśvarī rājya dāyinī rājya vallabhā
rājat kṛpā rāja pīṭha niveśita nijāśritā

135. Rājya lakṣmīḥ kośa nāthā catur aṅga baleśvarī
sāmrājya dāyinī satya sandhā sāgara mekhalā

136. Dīkṣitā daitya śamanī sarva loka vaśaṅkarī
sarvārtha dātrī sāvitrī sac cid ānanda rūpiṇī

137. Deśa kāla aparicchinnā sarvagā sarva mohinī
sarasvatī śāstramayī guhāmbā guhya rūpiṇī

138. Sarvopādhi vinirmuktā sadāśiva pativratā
sampradāy eśvarī sādhvī guru maṇḍala rūpiṇī

139. Kulottīrṇā bhagārādhyā māyā madhumatī mahī
gaṇāmbā guhyakārādhyā komalāṅgī guru priyā

140. Svatantrā sarva tantreśī dakṣiṇā mūrti rūpiṇī
sanakādi samārādhyā śiva jñāna pradāyinī

141. Cit kalānanda kalikā prema rūpā priyaṅkarī
nāma pārāyaṇa prītā nandi vidyā naṭeśvarī

142. Mithyā jagad adhiṣṭhānā muktidā mukti rūpiṇī
lāsya priyā laya karī lajjā rambhādi vanditā

143. Bhava dāva sudhā vṛṣṭiḥ pāpāraṇya davānalā
daurbhāgya tūla vātūlā jarā dhvānta ravi prabhā

144. Bhāgyābdhi candrikā bhakta citta keki ghanāghanā
roga parvata dambholir mṛtyu dāru kuṭhārikā

145. Maheśvarī mahā kālī mahā grāsā mahāśanā
aparṇā caṇḍikā caṇḍa muṇḍāsura niṣūdinī

146. Kṣarākṣarātmikā sarva lokeśī viśva dhāriṇī
tri varga dātrī subhagā tryambakā triguṇātmikā

147. Svarga apavargadā śuddhā japā puṣpa nibhākṛtiḥ
ojovatī dyuti dharā yajña rūpā priya vratā

148. Durārādhyā durādharṣā pāṭalī kusuma priyā
mahatī meru nilayā mandāra kusuma priyā

149. Vīrārādhyā virāḍ rūpā virajā viśvato mukhī
pratyag rūpā parākāśā prāṇadā prāṇa rūpiṇī

150. Mārtāṇḍa bhairavā rādhyā mantriṇī nyasta rājya dhūḥ
tripureśī jayat senā nistraiguṇyā parāparā

151. Satya jñānānanda rūpā sāmarasya parāyaṇā
kapardinī kalā mālā kāma dhuk kāma rūpiṇī

152. Kalā nidhiḥ kāvya kalā rasa jñā rasa śevadhiḥ
puṣṭā purātanā pūjyā puṣkarā puṣkarekṣaṇā

153. Paraṃ jyotiḥ paraṃ dhāma paramāṇuḥ parāt parā
pāśa hastā pāśa hantrī para mantra vibhedinī

154. Mūrtā amūrtā anitya tṛptā muni mānasa haṃsikā
satya vratā satya rūpā sarvāntar yāminī satī

155. Brahmāṇī brahma jananī bahu rūpā budhārcitā
prasavitrī pracaṇḍājñā pratiṣṭhā prakaṭākṛtiḥ

156. Prāṇeśvarī prāṇa dātrī pañcāśat pīṭha rūpiṇī
viśṛṅkhalā viviktasthā vīra mātā viyat prasūḥ

157. Mukundā mukti nilayā mūla vigraha rūpiṇī
bhāva jñā bhava roga ghnī bhava cakra pravartinī

158. Chandaḥ sārā śāstra sārā mantra sārā talodarī
udāra kīrtir uddāma vaibhavā varṇa rūpiṇī

159. Janma mṛtyu jarā tapta jana viśrānti dāyinī
sarvopaniṣad udghuṣṭā śāntyatīta kalātmikā

160. Gambhīrā gaganāntaḥsthā garvitā gāna lolupā
kalpanā rahitā kāṣṭhākāntā kāntārdha vigrahā

161. Kārya kāraṇa nirmuktā kāma keli taraṅgitā
kanat kanaka tāṭaṅkā līlā vigraha dhāriṇī

162. Ajā kṣaya vinirmuktā mugdhā kṣipra prasādinī
antar mukha samārādhyā bahir mukha sudurlabhā

163. Trayī trivarga nilayā tristhā tripura mālinī
nir āmayā nir ālambā svātmārāmā sudhāsṛtiḥ

164. Saṃsāra paṅka nirmagna samuddharaṇa paṇḍitā
yajña priyā yajña kartrī yajamāna svarūpiṇī

165. Dharmādhārā dhanādhyakṣā dhana dhānya vivardhinī
vipra priyā vipra rūpā viśva bhramaṇa kāriṇī

166. Viśva grāsā vidrumābhā vaiṣṇavī viṣṇu rūpiṇī
ayonir yoni nilayā kūṭasthā kula rūpiṇī

167. Vīra goṣṭhī priyā vīrā naiṣkarmyā nāda rūpiṇī
vijñāna kalanā kalyā vidagdhā baindavāsanā

168. Tattvādhikā tattva mayī tat tvam artha svarūpiṇī
sāma gāna priyā somyā sadāśiva kuṭumbinī

169. Savyāpasavya mārgasthā sarvāpad vinivāriṇī
svasthā svabhāva madhurā dhīrā dhīra samarcitā

170. Caitanyārghya samārādhyā caitanya kusuma priyā
sadoditā sadā tuṣṭā taruṇāditya pāṭalā

171. Dakṣiṇa adakṣiṇa ārādhyā dara smera mukhāmbujā
kaulinī kevalā anarghya kaivalya pada dāyinī

172. Stotra priyā stuti matī śruti saṃstuta vaibhavā
manasvinī mānavatī maheśī maṅgalākṛtiḥ

173. Viśva mātā jagad dhātrī viśālākṣī virāgiṇī
pragalbhā paramodārā parā modā manomayī

174. Vyoma keśī vimānasthā vajriṇī vāmakeśvarī
pañca yajña priyā pañca preta mañcādhi śāyinī

175. Pañcamī pañca bhūteśī pañca saṃkhyo pacāriṇī
śāśvatī śāśvat aiśvaryā śarmadā śaṃbhu mohinī

176. Dharā dhara sutā dhanyā dharmiṇī dharma vardhinī
lokātītā guṇātītā sarvātītā śamātmikā

177. Bandhūka kusuma prakhyā bālā līlā vinodinī
sumaṅgalī sukha karī suveṣāḍhyā suvāsinī

178. **Suvāsiny arcana prītā āśobhanā śuddha mānasā**
bindu tarpaṇa santuṣṭā pūrvajā tripurāmbikā

179. **Daśa mudrā samārādhyā tripurāśrī vaśaṅkarī**
jñāna mudrā jñāna gamyā jñāna jñeya svarūpiṇī

180. **Yoni mudrā trikhaṇḍeśī triguṇāmbā trikoṇagā**
anaghā adbhuta cāritrā vāñchitārtha pradāyinī

181. **Abhyāsa atiśaya jñātā ṣaḍadhvātīta rūpiṇī**
avyāja karuṇā mūrtir ajñāna dhvānta dīpikā

182. **Ābāla gopa viditā sarva anullaṅghya śāsanā**
śrīcakra rāja nilayā śrīmat tripura sundarī

183. **Śrī śivā śiva śaktyaikya rūpiṇī lalitāmbikā**

Guru Stotram

Himno de alabanza al Guru

1. Akhaṇḍa maṇḍalākaraṃ vyāptaṃ yena carācaram |
tatpadaṃ darśitaṃ yena tasmai śrīgurave namaḥ ||

Adoramos a ese Maestro Divino que ha mostrado la Morada que llena toda la esfera del universo de los seres móviles e inmóviles.

2. Ajñāna timirāndhasya jñānāñjana śalākayā |
cakṣur unmīlitaṃ yena tasmai śrīgurave namaḥ ||

Adoramos a ese Maestro Divino que, con el lápiz de colirio del conocimiento, abre los ojos del que está cegado por la oscuridad de la ignorancia.

3. Gururbrahmā gururviṣṇuḥ gururdevo maheśvaraḥ |
guru sākṣāt param brahma tasmai śrīgurave namaḥ ||

El Maestro es Brahma, el maestro es Vishnu, el Maestro es el dios Shiva. El Maestro es el Brahman supremo en persona. Adoramos a ese Maestro Divino.

4. Sthāvaraṃ jaṅgamaṃ vyāptaṃ yatkiñcit sacarācaram |
tatpadaṃ darśitaṃ yena tasmai śrīgurave namaḥ ||

Adoramos a ese Maestro Divino que ha mostrado la Morada que llena todo el universo de los seres móviles e inmóviles.

5. Cinmayaṃ vyāpi yatsarvaṃ trailokyaṃ sacarācaram |
tatpadaṃ darśitaṃ yena tasmai śrīgurave namaḥ ||

Adoramos a ese Maestro Divino que ha mostrado la Morada hecha de Conciencia que llena los tres mundos enteros, que comprenden lo móvil y lo inmóvil.

6. Sarva śruti śiro ratna virājita padāmbujaḥ |
vedāntāmbuja sūryo yaḥ tasmai śrīgurave namaḥ ||

Adoramos a ese Maestro Divino cuyos gloriosos pies de loto brillan (adornados) por las joyas supremas de todas las escrituras, y que es el sol del loto del Vedanta.

7. Caitanyaḥ śāśvataḥ śānto vyomātīto nirañjanaḥ |
bindu nāda kalātītaḥ tasmai śrīgurave namaḥ ||

Adoramos a ese Maestro Divino que es consciente, eterno, sereno, está más allá del cielo, es puro y trasciende bindu, nada y kala.

8. Jñāna śakti samārūḍhaḥ tattva mālā vibhūṣitaḥ |
bhukti mukti pradātā ca tasmai śrīgurave namaḥ ||

Adoramos a ese Maestro Divino que posee el poder del conocimiento, que se adorna con la guirnalda de los principios de la realidad y que es quien concede el placer y la liberación.

9. Aneka janma samprāpta karma bandha vidāhine |
ātma jñānā pradānena tasmai śrīgurave namaḥ ||

Adoramos a ese Maestro Divino que, impartiendo el conocimiento del Atman, destruye la atadura de la acción adquirida durante muchas vidas.

10. Śoṣaṇaṃ bhava sindhośca jñāpanaṃ sāra sampadaḥ |
guroḥ pādodakaṃ samyak tasmai śrīgurave namaḥ ||

Adoramos a ese Maestro Divino, el agua de cuyos pies (usada para lavarlos) seca el mar de la existencia mundana y hace conocer la riqueza más preciosa.

11. Na guror adhikaṃ tattvaṃ na guror adhikaṃ tapaḥ |
tattva jñānāt paraṃ nāsti tasmai śrīgurave namaḥ ||

No hay realidad más elevada que el Maestro; no hay austeridad superior al (servicio al) Maestro; no hay nada superior al conocimiento de la Realidad. Adoramos a ese Maestro Divino.

12. Mannāthaḥ śrī jagan nāthaḥ madguruḥ śrī jagad guruḥ
|madātmā sarva bhūtātmā tasmai śrīgurave namaḥ ||

Mi Señor es el Señor Divino del mundo. Mi Maestro es el Maestro Divino del mundo. Mi Ser es el Ser de todos los seres. Adoramos a ese Maestro Divino.

13. Gurur ādir anādiśca guruḥ parama daivatam |
guroḥ parataraṃ nāsti tasmai śrīgurave namaḥ ||

El Maestro es el comienzo (de todo), pero no tiene comienzo. El Maestro es la Deidad Suprema. No hay nada superior al Maestro. Adoramos a ese Maestro Divino.

14. Tvameva mātā ca pitā tvameva
tvameva bandhuśca sakhā tvameva |
tvameva vidyā draviṇaṃ tvameva
tvameva sarvam amṛteśvari mā ||

Tú eres mi madre y eres mi padre. Eres mi pariente y eres mi amiga. Eres mi sabiduría, eres mi riqueza. Lo eres todo para mí, Madre, Diosa de la Inmortalidad.

Bhagavad Gītā – Capítulo 15

(Se recita en Amritapuri antes de comer)

Atha pañcadaśo'dhyāyaḥ puruśottama yogaḥ

Capítulo 15: "El yoga de la Persona Suprema".

Śrībhagavān uvāca

El Bienaventurado dijo:

1. Ūrdhva mūlam adhaḥ śākham aśvattham prāhur avyayam |
chandāṃsi yasya parṇāni yastaṃ veda sa vedavit ||

(Los sabios) hablan del imperecedero árbol pípal, que tiene las raíces arriba y las ramas abajo. Sus hojas son los himnos védicos. El que lo conoce, conoce el Veda.

2. Adhaś cordhvaṃ prasṛtās tasya śākhā guṇa pravṛddhā viṣaya pravālāḥ |
adhaśca mūlāny anusaṃ tatāni karma anubandhīni manuṣya loke ||

Sus ramas se extienden hacia arriba y hacia abajo alimentadas por los gunas (cualidades de la materia) y teniendo por brotes los objetos. Sus raíces se estiran hacia abajo provocando las acciones en el mundo de los seres humanos.

3. Na rūpam asyeha tatho palabhyate
nānto na cādirna ca saṃpratiṣṭhā |
aśvattham enam suvirūḍha mūlam
asaṇga śastreṇa dṛḍhena chittvā ||

Su forma no se percibe en este mundo, ni su final, ni su comienzo, ni su base. Habiendo cortado este pípal de firmes raíces con la fuerte hacha del desapego...

4. Tataḥ padaṃ tat pari mārgitavyaṃ
yasmin gatā na nivartanti bhūyaḥ |
tameva cādyaṃ puruṣaṃ prapadye
yataḥ pravṛttiḥ prasṛtā purāṇī ||

... entonces hay que buscar ese Lugar del que no vuelven los que han llegado a él (,pensando): “Me refugio sólo en esa Persona Primordial de la que fluyó la manifestación antigua”.

5. Nirmāna mohā jita saṇga doṣā
adhyātma nityā vinivṛtta kāmāḥ |
dvaṃdvair vimuktāḥ sukha duḥkha saṃjñair gacchanty amūḍhāḥ
padam avyayaṃ tat ||

Sin orgullo e ilusión, habiendo vencido el defecto del apego, vueltos siempre hacia el Atman (Alma) y apartados de los deseos, libres de los opuestos conocidos como el placer y el dolor, los que no se engañan van a esa Morada Imperecedera.

6. Na tad bhāsayate sūryo na śaśāṇko na pāvakaḥ |
yad gatvā na nivartante tad dhāma paramaṃ mama ||

El sol no la ilumina, ni la luna, ni el fuego. Los que han ido allí no vuelven. Esta es mi Morada Suprema.

7. Mama ivāṃśo jīva loke jīva bhūtaḥ sanātanaḥ |
manaḥ ṣaṣṭhāni indriyāṇi prakṛti sthāni karṣati ||

Una parte de mí, habiéndose convertido en un alma individual eterna en el mundo de los seres vivos, atrae hacia sí los sentidos que se hallan en la materia, de los que la mente es el sexto.

8. Śarīraṃ yad avāpnoti yaccāpy utkrāmati īśvaraḥ |
gṛhītvaitāni saṃyāti vāyur gandhān ivāśayāt ||

Cuando el señor (el alma individual) obtiene un cuerpo, y también cuando lo abandona, va llevándoselos consigo (los sentidos y la mente), como el viento se lleva los perfumes de los lugares donde se hallan.

9. Śrotraṃ cakṣuḥ sparśanaṃ ca rasanaṃ ghrāṇam eva ca |
adhiṣṭhāya manaś cāyaṃ viṣayān upasevate ||

Empleando el oído, la vista y el tacto, el gusto y también el olfato, así como la mente, este (alma individual) experimenta los objetos.

10. Utkrāmantaṃ sthitaṃ vāpi bhuñjānaṃ vā guṇānvitam |
vimūḍhā na anupaśyanti| paśyanti jñāna cakṣuṣaḥ ||

Cuando parte, se queda o experimenta, acompañado por los gunas, los que se engañan no lo perciben. Lo perciben los que poseen el ojo del conocimiento.

11. Yatanto yoginaś cainaṃ paśyanty ātmany avasthitam |
yatanto'py akṛtātmāno nainaṃ paśyanty acetasaḥ ||

Los yogis que se esfuerzan lo perciben en sí mismos; pero los inmaduros, que carecen de comprensión, no lo perciben aunque se esfuercen.

12. Yad āditya gataṃ tejo jagad bhāsayate'khilam |
yac candramasi yac cāgnau tat tejo viddhi māmakam ||

Ese brillo que está en el sol y que ilumina el universo entero, que está en la luna y que está en el fuego, sabe que ese brillo es mío.

13. Gām āviśya ca bhūtāni dhārayāmy aham ojasā |
puṣṇāmi cauṣadhīḥ sarvāḥ somo bhūtvā rasātmakaḥ ||

Y, entrando en la tierra, sostengo a los seres con mi vigor. Y, convirtiéndome en la nectárea luna, hago crecer todas las plantas.

14. Ahaṃ vaiśvānaro bhūtvā prāṇināṃ deham āśritaḥ |
prāṇāpāna samāyuktaḥ pacāmy annaṃ catur vidham ||

Convirtiéndome en el fuego digestivo que se encuentra en el cuerpo de los seres vivos, en conjunción con las fuerzas vitales ascendente y descendente digiero las cuatro clases de comida.

15. Sarvasya cāhaṃ hṛdi saṃniviṣṭo
mattaḥ smṛtir jñānam apohanaṃ ca |
vedaiś ca sarvair aham eva vedyo
vedānta kṛd vedavid eva cāham ||

Y estoy alojado en el corazón de todos. La memoria y el conocimiento, así como su pérdida, proceden de mí. Yo soy lo que hay que conocer por medio de todos los Vedas. Yo soy el creador del Vedanta y también el conocedor del Veda.

16. Dvāv imau puruṣau loke kṣaraś cākṣara eva ca |
kṣaraḥ sarvāṇi bhūtāni kūṭastho'kṣara ucyate ||

En el mundo hay estas dos personas: la perecedera y la Imperecedera. La perecedera es todos los seres y a la Inmutable se la llama la Imperecedera.

17. Uttamaḥ puruṣas tvanyaḥ paramātmety udāhṛtaḥ |
yo loka trayam āviśya bibharty avyaya īśvaraḥ ||

Pero distinta es la Persona Suprema, llamada el Atman Supremo, que, como el Señor Inmortal, entra en los tres mundos y los sostiene.

18. Yasmāt kṣaram atīto'ham akṣarād api cottamaḥ |
ato'smi loke vede ca prathitaḥ puruṣottamaḥ ||

Como trasciendo lo perecedero y también soy más elevado que lo Imperecedero, en el mundo y en el Veda se Me conoce como la Persona Suprema.

19. Yo mām evam asaṃmūḍho jānāti puruṣottamam |
sa sarvavid bhajati māṃ sarva bhāvena bhārata ||

Quien así Me conozca, sin engañarse, como la Persona Suprema, ese lo sabe todo y Me adora con todo su ser, oh descendiente de Bharata.

20. Iti guhyatamaṃ śāstram idam uktaṃ mayānagha |
etad buddhvā buddhimān syāt kṛta kṛtyaśca bhārata ||

Así ha quedado expuesta por Mí esta ciencia, la más secreta, oh intachable. Quien ha despertado a ella es una persona iluminada y ha cumplido todos sus deberes, oh descendiente de Bharata.

Om tat sat ||
iti śrīmad bhagavad gītāsu upaniṣatsu brahma vidyāyāṃ yoga śāstre śrīkṛṣṇārjuna saṃvāde puruṣottama yogo nāma pañcadaśo'dhyāyaḥ ||

Om Tat Sat. Así termina el capítulo quince de las upanishad de la Bhagavad Gita, la ciencia de Brahman, el tratado de yoga, la conversación entre el Señor Krishna y Arjuna, titulado "El yoga de la Persona Suprema".

(Después se recitan estas otras dos estrofas de la Bhagavad Gita:)

Om
Sarva dharmān parityajya mām ekaṃ śaraṇaṃ vraja |
ahaṃ tvā sarva pāpebhyo mokṣayiṣyāmi mā śucaḥ || (18.66)

Om. Abandona todos los deberes y refúgiate sólo en Mí. Yo te libraré de todos los pecados. No te aflijas.

Om
Brahmārpaṇaṃ brahma havir brahmāgnau brahmaṇā hutam |
brahmaiva tena gantavyaṃ brahma karma samādhinā || (4.24)

Om. Brahman es el ofrecimiento, Brahman es la ofrenda, ofrecida por Brahman en el fuego de Brahman. El que está absorto en la acción de Brahman sin duda llegará a Brahman.

Āratī

Himno a Amma cantado durante el arati (adoración ceremonial haciendo círculos con una llama).

1. Om jaya jaya jaga jananī vande amṛtānandamayī
maṅgala ārati mātā bhavāni amṛtānandamayī
mātā amṛtānandamayī

Om. ¡Victoria, victoria a la Madre del Universo! Adoro a la que está llena de Felicidad Inmortal. Te ofrezco esta arati propicia, Madre Bhavani, llena de Felicidad Inmortal. Madre de la Felicidad Inmortal.

2. Jana mana nija śukha dāyini mātā amṛtānandamayī
maṅgala kāriṇi vande jananī amṛtānandamayī
mātā amṛtānandamayī

Eres la que da la Felicidad constante a la mente de los seres vivos, la Madre de la Felicidad Inmortal. Te saludo, benefactora, Madre de la Felicidad Inmortal, Madre de la Felicidad Inmortal.

3. Sakalāgama nigamādiṣu carite amṛtānandamayī
nikhilā maya hara jananī vande amṛtānandamayī
mātā amṛtānandamayī

Eres la que es glorificada en los Vedas y en las otras escrituras, la Madre de la Felicidad Inmortal. Adoro a la Madre que destruye todos los males, la llena de Felicidad Inmortal, Madre de la Felicidad Inmortal.

4. Prema rasāmṛta varṣini mātā amṛtānandamayī
prema bhakti saṃdāyini mātā amṛtānandamayī
mātā amṛtānandamayī

Eres la que derrama el néctar del jugo del amor, la Madre de la Felicidad Inmortal. Concedes la devoción del amor, Madre de la Felicidad Inmortal. Madre de la felicidad inmortal.

5. Śama dama dāyini mana laya kāriṇī amṛtānandamayī
satataṃ mama hṛdi vasatāṃ devi amṛtānandamayī
mātā amṛtānandamayī

Eres la que da el autocontrol interior y exterior, la que disuelve la mente, la que está llena de Felicidad Inmortal. Mora siempre en mi corazón, Diosa de la Felicidad Inmortal, Madre de la Felicidad Inmortal.

6. Patitoddhāra nirantara hṛdaye amṛtānandamayī
parama haṃsa pada nilaye devi amṛtānandamayī
mātā amṛtānandamayī

En el corazón siempre tienes (la aspiración de) levantar a los caídos, llena de Felicidad Inmortal. Diosa de la Felicidad Inmortal, que moras en el estado de liberación en vida, Madre de la Felicidad Inmortal.

7. He jananī jani maraṇa nivāriṇi amṛtānandamayī
he śrita jana paripālinī jayatāṃ amṛtānandamayī
mātā amṛtānandamayī

¡Oh Madre que destruyes el nacimiento y la muerte, la de la Felicidad Inmortal! ¡Oh Tú, que proteges a todos los que se refugian en Ti! Vence, llena de Felicidad Inmortal, Madre de la Felicidad Inmortal.

8. Sura jana pūjitā jaya jagad ambe amṛtānandamayī
sahaja samādhi sudhanye devi amṛtānandamayī
mātā amṛtānandamayī

Oh, tú, la adorada por los dioses, ¡victoria! Madre del Universo, llena de Felicidad Inmortal. Tú posees la gran riqueza de la absorción espontánea (en Dios), oh Diosa de la Felicidad Inmortal, Madre de la Felicidad Inmortal.

9. (Se repite la estrofa 1)

Jai bolo sadguru mātā amṛtānandamayī devī kī

(Solista:) ¡Cantemos victoria a la Maestra Verdadera, la Madre de la Felicidad Inmortal!

Jai (Todos:) ¡Victoria!

Mantras

Mantras finales

Om asato mā sadgamaya
tamaso mā jyotir gamaya
mṛtyor mā amṛtaṃ gamaya
Om śāntiḥ śāntiḥ śāntiḥ

Om. Llévame de lo irreal a lo Real. Llévame de la oscuridad a la Luz. Llévame de la muerte a la Inmortalidad. Om, paz, paz, paz.

Om lokāḥ samastāḥ sukhino bhavantu
lokāḥ samastāḥ sukhino bhavantu
lokāḥ samastāḥ sukhino bhavantu
Om śāntiḥ śāntiḥ śāntiḥ

Om. Que todos los seres sean felices (x 3). Om, paz, paz, paz.

Om pūrṇam adaḥ pūrṇam idaṃ
pūrṇāt pūrṇam udacyate
pūrṇasya pūrṇam ādāya
pūrṇam eva avaśiśyate
Om śāntiḥ śāntiḥ śāntiḥ

Om. Aquello es el Todo. Esto es el todo.
Del Todo sale el todo.
Después de haber sacado el todo del Todo,
sólo queda el Todo.
Om paz, paz, paz.

Om śrī gurubhyo namaḥ
Harīḥ om

Om. Adoramos a los maestros divinos.

Hari Om.

258

Bhakti tā jagadambē
Prēmam tā jagadambē
Vishvāsam tannennē
Rakshikkū jagadambē

Concédeme devoción, O Madre del Universo
Dame amor, O Madre del Universo
Al entregarme fe, O Madre del Universo, protégeme

Guía de pronunciación

Letra	**Sonido**
a	*a* breve, como la segunda *a* de *vaca*
ā	*a* larga, como la primera *a* de *vaca*
i	*i* breve, como la segunda *i* de *símil*
ī	*i* larga, como la primera *i* de *símil*
u	*u* breve, como en *dudar*
ū	*u* larga, como en *luna*
ṛ	*r* suave, como en *crimen*
ṝ	*r* fuerte, como en *rana*
ḷ	como una *l* española
e	*e* larga, como en *época*
ai	como en español; pero a final de palabra se pronuncia *ei*
o	*o* larga, como la primera *o* de *loro*
au	como en español
ṃ	nasaliza la vocal anterior (el aire se expulsa a la vez por la boca y la

nariz), como en el francés *bon*. El sonido se adapta al de la consonante que venga después (ej: ante *t* suena como *n*; ante *p*, como *m*; etc.); y, si después hay una vocal o es final de frase, suena como una *m*

ḥ En medio de palabra es una breve aspiración (= *h* inglesa); a final de palabra: si hay alguna palabra detrás es una breve aspiración seguida de la repetición de la vocal anterior (p. ej., *namaḥ* se pronuncia aproximadamente "namajá"), y si no hay ninguna palabra detrás es muda."

kh como la anterior, pero "aspirada": expulsando aire por la boca (como en una *h* inglesa) después de la *k* en el mismo golpe de voz.

g *g* suave, como en *gota*

gh como la anterior aspirada

ṅ como la *n* de *manga*

c como una *ch*

ch como la anterior aspirada

j *d+ll*, como en *mirad llover*; como la *j* inglesa (*John*) o catalana (*Jordi*)

jh como la anterior aspirada

ñ como en español

(Las cinco letras siguientes son “retroflejas”: se pronuncian con la punta de la lengua tocando el paladar)

ṭ	*t* retrofleja
ṭh	como la anterior aspirada
ḍ	*d* retrofleja
ḍh	como la anterior aspirada
ṇ	*n* retrofleja
t	como en español
th	como la anterior aspirada
d	como en español
dh	como la anterior aspirada
n	como en español
p	como en español
ph	como la anterior aspirada
b	como en español
bh	como la anterior aspirada
m	como en español
y	como en español

r	*r* suave, como en *cara*
l	como en español
v	como en español, excepto tras consonante, que se pronuncia como una *w* inglesa o una *u*
ś	como *sh* en *shiatsu* o *shock*
ṣ	como la anterior pero retrofleja
s	como en español
h	aspirada, como en inglés; parecida a una *j* suave

www.ingramcontent.com/pod-product-compliance
Lightning Source LLC
LaVergne TN
LVHW051543080426
835510LV00020B/2830
9781680377514